Will Robots Take Your Job

机器会夺走你的工作吗

Nigel m. De s. Cameron
奈杰尔·卡梅伦 —— 著
魏　倩　王丽陶 —— 译

中国工人出版社

致三个小男孩，我最小的孙子们：尤安·卡梅隆（Euan Cameron）、吉迪恩·罗宾森（Gideon Robison）和林肯·巴尔默（Lincoln Balmer），我相信他们会在满是机器的经济社会中度过他们漫长而又幸运的一生。

去奋斗，去探寻，去寻找，且永不屈服。

——阿尔弗雷德·罗德·丁尼生，《尤利西斯》

我们现在正在经受一种新疾病的折磨，一些读者可能还没有听说过这种疾病的名字；但是他们将在接下来的岁月中亲闻很多——所谓的技术性失业。它的意思是指由于我们发现了节约劳动力的方法，超过了我们可以找到重新使用这些劳动力的步伐，从而导致的失业。

——约翰·梅纳德·凯恩斯（1931）

工作情况将会变得有多糟糕？一份经济合作与发展组织的研究得出，9% 的美国就业将面临威胁。两位牛津大学学者预计，将会有 47% 的美国工作受到威胁。即便是乐观的愿景也预示了这一严峻问题。而无论如何，在未来的几十年中，对于一个生活在美国的人，极有可能再也不会去从事那些被传统定义的工作……“这次与以往不同”还有很多需要去做。

——查尔斯·艾伦·默里（2016）

目 录

序

用一本小书来讨论一个复杂而又富有争议的话题，其实是很危险的。但是，我们在这里提出的问题，将科学、技术及社会各方面汇聚于一点，这些问题关乎我们每一个人，也是我们所无法回避的。

我关注未来工作的问题已经很多年了，以往，我们所做的努力是召集决策人及其他领导者进行讨论。然而直到过去三四年，并没有谁准备好去说点什么；尽管最近社会上掀起了一场讨论，至少是在公共生活边界的讨论[主要表现在很多新书中，在可引用的引述中有比尔·盖茨（Bill Gates）、劳伦斯·萨默斯（Larry Summers）和查尔斯·默里（Charles Murray）的观点]，然而情况并没有太大的改观。政治领袖们仍然在回避这个问题及其巨大的影响。

我个人的回应则很有启发性。

几年前，我在阳光明媚的门罗公园和两位来自全球律师事务所的合作伙伴一起吃午饭，当时他们在和硅谷的客户进行合作。吃午饭时，我的脑海里有各种各样的事，从葡萄酒到如何让华盛顿更集中致力于开发创新。但这不是他们想要的谈话，“到底什么时候，”一位首席律师问道，“我们会迎来能创造新工作的革新，而不是摧毁就业？你甚至用一块芯片就能轻易将我击倒”。

不久之后，我回到华盛顿，和另一位美国劳工部的高级官员一起共进晚餐。当我问到在她所工作的团队中谁在研究这个问题时，她回答道：没有人。随之就转移了话题。

在华盛顿智库，不久前我召集了一次包括美国劳工联合会产业工会联合会（AFL–CIO）（美国工会系统）、政府的领衔经济学家，以及科技领袖马歇尔·布莱恩（Marshall Brain）在内的研讨会。我询问了一些在劳联产联研究这个课题的人。当他们回答说没有人在研究这个课题的时候，我委婉地建议道：或许他们应该立即停下手上的工作，转而重新聚焦于这个问题。在我们召开这次研讨会时，工会的参会人员似乎对此表现得并不关心。我试图用自动驾驶卡车的话题来刺激他。假如在未来的十年到十五年之内，卡车驾驶员，卡车工会，恰恰因为没有成员而宣告终结会怎么样？很快，我在伦敦也参加了一个由英国机构主办的同一主题研讨。再一次，工会的观点基本上与常识一致，循规蹈矩。由此可见，即便身为劳动者的领导人，也害怕被贴上勒德分子（Luddite）[①] 的标签啊。

就在最近，我被邀请在世界银行向一群经济学家发表演讲。当我带着惶惶不安的心情进入他们的办公地点后，我发现了一件有趣的事情，在我结束演讲后，没有一个人告诉我，“经济学”告诉我们一切都会安好（而这种论调

① 历史学家通常并不认为存在真正的勒德分子。勒德分子的最初出处可能来自 1811 年的英国小镇勒德洛（Ludlow），当时那里出现的激进的机器破坏者摧毁了手摇织袜机，而且还向雇主发放署名为“Ned Ludd”的威胁信件。但机器破坏者本身并不是新的现象（Thomis, 1970）。

反而时常来自那些科技鼓吹者）。当然，正如我们将看到的，一些历史上最重要的经济学家反而加入警示者之中。慢慢地，这个议题蔓延到主流讨论中。

也是最近，我又受邀出席了一个有趣的会议，议题是关于世界在 100 年之后将会变成什么。这封邀请函来自巴西前总统卡多佐（Cardoso），邀请函引人入胜地写着这样一段话，一个现在出生的孩子，很有可能会活到 100 岁。我们这些有子女或孙辈的人，如果我们要关注子孙后代的利益和他们面对的未来，我们必须考虑得相当长远。这里无关“学术”，而是我会给尤安（Euan）、林肯（Lincoln）、吉迪恩（Gideon）及其他孙辈说点什么，对他们未来的职业提出怎样的建议呢？我们作为学者来讨论这些问题，作为领导者、政客、商业人士、科技人员、市民社会的代表去思考这些问题。但是同时，我们自己也是劳动者。此外，我们还为人父母或祖父母，我们的孩子、孩子的孩子，他们的未来又会是怎样呢？

我们已然富足，处于发达世界中的我们，正置身于前所未有的繁荣时代。我们的社会既有穷困者也有富足者。

而在我们全球社会，仍有上亿人口生活在极度贫困之中，而处于另一遥远的极端的是那些仅有的、近来被人们称为1% 的人。即将到来的崩溃对于将人类种族切分为全有或全无的巨大经济鸿沟，又会带来怎样的启示？

当我们展望全球社会充满繁荣的未来时，艰苦的工作环境与人类智慧巧妙结合在一起并产生了伟大的力量，带领我们人类从原始社会穿行过农业和工业社会，步入以数字技术驱动的崭新经济和社会秩序的新世界。毫无疑问，新繁荣的核心要素将会使人们从很多繁重的工作中解放出来，这些工作在过去的几个世纪中只能通过人类劳作以维系我们的生存。首先，我们制造出原始却很有力的工具；随后，我们驱使动物；再之后，工业革命带来了蒸汽动力，并带来机器发明的大爆发——其余的也是真实的历史：工业发展散布全球，数字革命迅猛扩展，通过互联网实现了接近全世界的知识获取，通过移动互联网技术将上亿贫困者带入全球知识经济之中。

接下来，一种新技术“物种”的发展，也是我们最新的工具，可以帮我们卸下些许肩头的工作重负，并带来空前繁荣。当我们进入诺伯特·维纳（Norbert Wiener）[①]令人印象深刻的“奴隶经济”（slave economy）中时，或许新的科技物种发展的步伐和复杂性，渐渐地留给我们可做的工作将所剩无几。随着生产价值过程中劳动的重要性逐渐衰退，经济权力向资本所有者戏剧化地倒向，这将会考验我们民主社会的能力，并可能产生各种新的分配模式。它也可能会引领我们进入一个前所未见的情景之中，那种被凯恩斯描述为“新有闲阶级”的出现，也会带给我们人类社会根本上的挑战，正如我们的时间从那些行为中解放出来，而不再与挣取我们每日的面包相关。

当然，这也许只是一种夸张，或者仅仅是对遥远未来的事物的一种描述。但有一点似乎很显然，即使是以严谨的态度来看，当“铁锈地带”的结构性失业冲击那些建立在技术基础上的顶端和底部的职业，劳动力市场将会面临动荡；而且我们相信，新的工作出现后会迫使工人去适应

① 诺伯特·维纳很早就对人类和计算机器之间的关系提出了警告。他指出，无论我们认为自动机器有没有感觉，它都是经济上的奴隶劳动。而与奴隶劳动竞争的劳动，必须接受奴隶劳动的经济条件。

和再训练。还可以肯定的是，有一种风险，一种无与伦比的风险——从劳伦斯·萨默斯到查尔斯·默里，这些思想者们已经提出了他们的观点，并且也被李嘉图（Ricardo）和凯恩斯（Keynes）这些经济学家所预见——尽管社会发展毫无疑问将会有新的职业出现，但我们正处于根本转变的过程中，这将会把充分就业经济抛之脑后。我们需要对劳动力市场可能的潜在转变做出回应，诸如收入和财富，以及我们对时间的利用。无论我们每个人会存在多大可能发生这种情况，我们都必须尽最大努力做好准备。

同时，作为我们个体来讲，的确，领导者肩头落有特殊的重大责任，表现在政治上的及其他方面的，他们会代表我们乃至全球社会做出定夺。他们在讨论中的缺席尤其值得注意，同时也令人惊诧。这种情况必须得到改变。

纳吉尔·M. de S. 卡梅伦

Nigel M. de S. Cameron

华盛顿特区

2016 年 9 月 24 日

致 谢

列举出同事予以感谢总会让人有些尴尬，特别是同他们就这一主题有很多富有成果的交谈，但仍请允许我向 C-PET（新兴技术政策中心）的朋友和同事们表示感谢，纳吉·汉娜（Nagy Hanna）、珍·泽特尔 (Jenn Sertl）和马特·詹姆斯（Matt James），谢谢你们给予我太多的帮助。本书中我还提到很多人，他们也帮助我塑造完成了我的思维路径。

毋庸多言，在 C-PET 的其他同事们，他们并不对我所表达的观点承担责任——即使有些人帮助过我完善我的观点，并且自 2007 年 C-PET 成立以来，所有人都对我的思考提供过帮助。安娜·葛尔策（Ana Goelzer）邀请我在巴西阿雷格里就这一主题做过一次 TED 演讲。而最近，我要感激我在渥太华大学科学社会政策研究中心的同事——特别是莫妮卡·加廷格（Monica Gattinger）主任——使我能够利用自己的部分时间在 2015—2016 年作为富布赖特访问研究科学与社会客座教授深入这一问题进行研究。

最后，我还要特别感谢政治出版社（Polity Press）的乔纳森·斯克雷特（Jonathan Skerret）促成我出版此书。他对本书的出版给予了一丝不苟的帮助。接下来，将由读者您来决定，此书的出版是否是一个好主意。

引　言　别再天真

长期以来，经济学家一直在回应技术对就业的影响，有时充满焦虑，但通常都会坚信必将会有充足的工作。最近，机器人技术和人工智能领域的快速发展施压（forcing）于这一主题。我们怎样才能厘清一个充满如此之多争议的问题呢？

软件更替，不管是对于司机、服务员还是护士……都在进化着。随着时间的推移，技术将降低工作需求，尤其是对低端技能者……从今往后的20年，很多技术对于劳动的需求都将实质减少。我不认为人们在认知层面已经意识到这一点。

——比尔·盖茨2014年在美国企业公共政策研究所的演讲

引 言　别再天真

就像我所写的那样，在美国的匹兹堡市刚刚开始了一项了不起的实验。优步（Uber），一家以 App 为基础提供叫车服务的公司，对出租车发起了挑战，并为数十万业余司机提供了工作，同时已经开始提供无人驾驶汽车服务（Dwoskin &Fung, 2016）。这在十年前是无法想象的事情，从那以后它就一直处于试验阶段，到现在已经开始商业运作。这一切对人类、机器和工作之间的关系意味着什么呢？

我们正处于一场伟大争论的开端。在一定程度上，它简单明了。它聚焦于我们是否需要去担心机器人会夺走我们的工作。这显然是一场非常重要的争论，因为它对人类的影响可能与气候变化对我们的影响一样大。但是，迄今为止，它才刚刚出现在公众谈话的视野边缘，并且基本上被我们的领导者们所忽视。

传统观点认为我们无须担心，并且一些技术支持者为此大声疾呼。与此同时，有一些著名的思想者——包括过去一百年内最具影响力的经济学家约翰·梅纳德·凯恩斯（John Maynard Keynes）和著名的“控制论之父”诺伯特·维纳（Norbert Wiener），他们都曾经指出，机器智能化的崛起将极有可能导致人类就业的崩溃。截至目前，以我们对新技术的经验来看，过去确实如此，新技术可能导致对个人乃至对工业的破坏，但同时它们也带来新的工作——更重要的是会产生更多的财富。但是，我们最新的发明——这些由人工智能所驱动的，专门设计用来执行各种至今一直是由我们人类所从事的工作任务的机器——仍会是这样吗？

当然，这场争论里并不仅仅只有简单的两种观点，而是各种各样的。一些人预测在未来的几十年中，大部分的人类工作将会消失。而在另一个极端，有些人甚至指责所有提出了阻碍技术进步的问题的人表现得像个勒德分子。在两者之间存在的、有理由的期待是，即使新工作层出不穷，能够取代那些机器替换掉的工作，这种破坏仍将会如同之前的那些工业转型——从工业革命自身到如今在美国和英国出现的重工业的瓦解那样，它们带来“铁锈地带”，对深陷其中的工人们来说，都是漫长而痛苦的转换期。然而，当一切尘埃落定，如果技术的改变只会在社会背景中影响我们（由政府和法律体系的回应而形成的），那么我们就面临以下问题：我们该如何应对这些可能呢?

没有人知道将会发生什么，如果劳动力市场将会遭受一次巨大的震荡，那么我们的确应该有所担心了。当代社会是在经济学家称为“充分就业”（full employment）的假设基础上运行的，这里的充分就业不是全职工作的意思，而是指大部分想要就业的人都能够获得一份工作。而这在十年、二十年甚至三十年之后仍然会实现吗？这一赌注可是再高不过了。

既然我们并不知道将会发生什么，我们可以将我们所面临的情况总结为两个问题：

第一，人们通常会假设，（机器换人后）新工作将会出现，并取代那些被机器顶替掉的工作，那么在即将涉及的转型过程中，我们可以预见劳动力市场会发生怎样的动荡呢？第二，认为（机器换人将会产生）大量失业却无法获得新工作进行弥补的想法，到底是一种荒谬的想法，还是很可能发生的未来？

尽管一些学术讨论偶尔会有来自科技界和其他方面的意见领袖参与其中，但尚无证据表明政府对这些问题已经严阵以待。坦白说，如果对于问题一的答案是，“劳动力市场不会太过动荡”；同时，对于问题二的答案是，“是的，净损失大量工作岗位的这种想法简直荒谬至极”，那么我们的确不必担心。而本书的观点是，虽然这些假设充满善意并令人安慰，但它们毫无道理可言。并且，这些假设暗藏危险，因为它们错误地估计了我们将要面临的风险。

但是，我们应该如何应对机器替代工作呢？当我们个人“并不知道”，同时事实上这个问题其实颇为复杂时，一种方法是，看看是否有已经表达出他们自身想法的聪明人——在这个过程中，假若有，就为我们打开了一扇窗，去加入这一对话中去。

这里举几个例子。我前面已经提到过，伟大的约翰·梅纳德·凯恩斯（John Maynard Keynes）早在二十世纪三十年代就已经对此有所论及，而诺伯特·维纳（Norbert·Wiener）当时也正在思考中。让我们再来看现在：比尔·盖茨（Bill Gates）在本章篇头的题词中是这么说的：对劳动力的需求正在减少，“但在我们的认知模式中还没有意识到”。令人注意的是，两位美国最著名的公众知识分子最近也走到了台前。美国前财政部长拉里·萨默斯[①]（哈佛大学的前校长）从政治光谱（Political Spectrum）[②]的自由一端经历了转换，现在相信“勒德派”可能是对的（萨默斯，2013）；而保守派智者查尔斯·默里（Charles Murray），长期为《华尔街日报》撰稿，并被

① 编者注：国内也译为劳伦斯·萨默斯。区别在于拼写用的是 Lawrence Summers，亲切的称呼为 Larry Summers，则译为拉里·萨默斯。

② 政治光谱（Political Spectrum）是一种通过把它们放置在一个或更多的几何坐标（geometric axes）上，以对比或形象化不同政治立场的方式。

亲商派的美国企业公共政策研究所庇护，在他的《全民基本收入》（*Universal Basic Income*）（默里，2016）中，是以动荡的劳动力市场和新就业模式作为其讨论背景的。

佩尤研究中心最近开展了一项有趣的项目，其重点不在于研究工作本身，而是看“专家们”认为未来将会发生什么（麻省理工学院 h &Anderson, 2014）。毫无疑问，专家们的意见会有分歧，但让人意外的是，分歧的程度令人吃惊。在问题的设问中，有一个是“到 2025 年，网络化的、自动化的人工智能应用程序和机器人设备，已经取代的工作数量会比它们创造的新工作多”。对这个问题的应答者超过 2000 人，其中有 48% 的人赞成这一预设，52% 的应答者则不这么认为。

《哈佛商业评论》的撰稿人华特·弗里克（Walter Frick，2014）在对上述结果进行评价时写道：“对于那些担心被自动化取代的人来说，专家意见产生分歧这一事实看起来似乎是一剂安慰剂——但不幸的是，事实并非如此。”弗里克接着引用了另一项民意调查，该项目由芝加哥大学商学院（University of Chicago’s Business School）主持，这项调查调查了一些经济学家，询问他们对过去自动化影响的看法。只有 2% 的人不同意以下表述：“日益进步的自动化从历史上来看并没有减少美国的就业。”换言之，回顾过去，经济学家们几乎一致认同“传统智慧”，即“虽然技术可能在短期内取代工人，但从长期来看不会减少就业”。但当专家被要求展望未来时，皮尤民意调查（Pew poll’s）的结果却截然不同，这一事实表明，人们意识到“这一波技术颠覆浪潮实际上可能是不同的”。这就指引出了问题的实质：

这次真的不同以往吗？如果是这样，又为什么会是这样？

一方面，一段时间以来，培训的更新换代和技术的发展，已经花了很多的时间去解决劳动力问题。皮尤调查中的受访者之一，未来主义者布莱恩·亚历山大（Bryan Alexander）这样写道：

教育体系还没有摆正位置，将自己转变到去塑造能够“与机器赛跑”的毕业生们，并不及时，而且规模也不够。自学成才者则会做得很不错，正如他们一直做的那样，但是更广泛的人民大众则正在为错误的经济形势做准备。（援引自麻省理工学院 h & Anderson，2014）

皮尤报告中的一个相关观点来自科学作家、《经济学人》杂志副主编汤姆·斯坦迪奇（Tom Standage），他说：

以前的各次技术革命发生得要慢得多，所以人们有更长的时间来重新培训，并从一种非技术工作转换到另一种非技术工作。机器人和人工智能的威胁则甚至会完全影响到一些类型的技术工作。

那么，为什么在这些问题上，我们没有进行更严肃、更热烈的对话呢？

出现这一情况的部分原因是，如果你提出这个问题，有些人很可能会称你为——特别能让人想起的神话般的

“耐德·勒德（Ned Ludd）”。没有人想被称为勒德分子。

还有部分原因是这一问题实在过于复杂。技术本身就难以理解，技术带来的影响也就无法预测。而且，在政治光谱上也没有一个明确的位置来引起人们的讨论——没有哪个有抱负的领导者希望自己被视为反科技的，无论其是左派还是右派。

此外，还有可能是因为，这是一个长期的讨论，而政治世界往往趋于短期化。

尽管如此，聪明人会知道颠覆从来都不全是好消息，但数字革命的影响已经让我们处在巨大的颠覆浪潮中。而处在这场变革的浪尖的，则是人工智能的迅速进步。我们才刚刚开始发掘它的潜力，但是从政策的角度及从个人的角度来看，它将对我们的就业产生潜在的影响。虽然人们对于人工智能对整个就业的长期影响有着不同的看法，但是现在的广泛共识是，人工智能和机器人技术的发展将对人类工作的未来产生巨大的影响——提高生产力，在此过程中，会不断缩小甚至完全关闭掉许多传统工作。因此，皮尤报告在其关键发现的总结中这样开头写道：

机器会夺走你的工作吗

Will Robots Take Your Job

在 2014 年互联网未来进行调查意见的受访者中，大多数认为，到 2025 年时，机器人和人工智能将会渗透到我们日常生活的方方面面，并在健康照顾、交通物流、客服以及房屋维修等行业中被广泛应用。

我们的领导人需要提出探索性的问题，而不是被那些试图停止对话而假装自己已经知道答案的人所影响，拖延了对问题的分析。因为如果我们真的不知道前方会出现什么，谨慎的领导人会关注风险，认真对待破坏的可能性。即使是在这类问题上的专家评论员，也时有改变立场者，而决策者需要为形势的变化做好准备。但是，当技术和观点都处于变化不定中时，他们将如何评估风险呢？

我们已经提到了美国前财政部长拉里·萨默斯（Larry Summers），他是少数的真正探讨过这一问题的公众人物之一——在这一过程中，他改变了观点。在 2013 年一场题为《为了我们孩子的经济潜力》（*Economic Possibilities for Our Children*）的演讲中，他富有深意地赞同了凯恩斯

（Keynes）的观点。如同本书在序言中所引用的那样，当他在麻省理工学院读本科时，他第一次意识到这一问题：

在争辩中分为两个派别。一方是愚蠢的勒德分子，他们大多在经济部门之外；另一方则是聪明的改革论者……愚蠢的人们认为自动驾驶将使所有的工作消失，将导致没有任何工作可以做；而聪明的人却明白，生产得越多，收入也就越多，因而也会产生更多需求。所有的工作都消失那是不可能的，所以自动化是一件利事。而我被教导，聪明人总是对的。

接着他说，他有理由改变主意，远离传统智慧：

直到几年前，我还不认为这是一个非常复杂的问题；当时我认为勒德派错了，相信技术和技术进步的人才是对的。但是我现在不那么确定了。（萨默斯，2013）

除非我们“完全确定”，否则我们就需要更严肃地对待这种威胁。由萨默斯和其他备受尊敬的、在左派和右派看来都保持中立的思想家所展示的前景却令人担忧。本书的目的就在于鼓舞并告知大家，公开讨论并关注政策的进展，尊重那些讨论者，因为事实上他们有可能是对的。

那些不想让我们担心的人士，通常会通过回溯农业史上发生的一切来框定人们的议论。1870 年前后，曾有大约 3/4 的美国人口在这片土地上工作。他们在 2500 万匹马的帮助下劳作。今天，美国在农业领域受雇的劳动者已经降到了总人口的约 1%，但结果并没有导致大量的失业。大量的新工作最终出现了，那些农业劳动者在工业经济起飞后重新就业；同时，当新的机会出现时，他们便获得了新的技能。但对于马却不是这样的，随着农业机械化，马力劳动不再被需要了。新机器正是被设计用来——用萨默斯的话说——“做马力劳动之前所做的事情”，而马却只适合留在废马屠宰场的后院里。

现在的情况可与十八世纪和十九世纪初叶的工业革命相提并论，现在和过去在本质上都是以技术驱动的“革命”，但也有一些方面是前所未有的。当智能机器逐渐取代人类在工作场所的角色后，底线问题是，这一次我们会是等待重新被雇用的农场工人，还是我们会成为那些马。无论对局势如何解读，我们的领导人都需要为一段可能是前所未有的劳动力市场动荡时期做好准备，而显然他们还没有。

让我们回到最初的两个问题。

第一，我们有充分理由相信，即使假定传统智慧是正确的，“在足够多的人们翘首以待的‘新工作’出现以维持充分就业模式之前，我们也很有可能面临实质性的动荡，因为综观整个经济，职业和工业会被全面瓦解”。

第二，这种情况不会发生的可能性——相反，我们将看到资本和技术逐步取代人类劳动的速度，会远快于新工作的出现——这就需要我们谨慎对待。这是一个可能的结果，应该植入我们领导人的脑海；而且我们最好的思想家应该解决我们如何为此而准备的问题。这种所有发达经济体都已采用的“充分就业”标准遭遇崩溃的风险，大小也许尚未可知，但并非微不足道。

在接下来的章节中，我们将回顾机器智能在工作场所的发展、正反两边的争论、潜在的影响，并且就需要聚焦的可能导致行动的风险达成共识。我们会说明，为什么专家和公众没有对这一问题给予应有的重视。

按照目前的情况来看，政策制定者不知道该偏向哪一方。他们的顾问向他们灌输的传统观点是，我们只需在创新方面加倍努力，就业问题就会迎刃而解。与此同时，越来越多的精英人士开始对事物有了不同的看法，旗帜鲜明地提出他们对我们的社会和经济的未来假设，以及潜在的对社会和经济产生根本影响的重要问题——同时也会对政治产生影响。

政策制定者不知道这些方法中，哪一种是正确的，他们也没有现成可用的机制来解决这一问题。他们需要的，只是将这些不同的可能性整合成一种关注风险的单一方法。

这也正是本书的主旨所在。

第一章　非人力资源

尽管专家们对机器将接管多少工作存在分歧，但机器智能已经在更为广泛的范围内被应用于那些传统上由人类完成的工作任务上，远远超出许多人的想象。其中包括一些似乎对计算机化免疫的高技能职业，而这种情况下的经济，对人类是有潜在危害的。就像诺伯特·维纳（Norbert Wiener）在二十世纪中期就预见到的那样，与我们最相似的是南北战争前的美国奴隶制经济和希腊罗马世界。

让我们谨记，无论我们认为自动机器有或没有任何感觉，它都是经济上的奴隶劳动。与奴隶劳动竞争的劳动，必须接受奴隶劳动的经济条件。很显然，这将导致失业，与之相比，目前的衰退甚至二十世纪三十年代的大萧条，都将是一个令人愉快的玩笑。

——诺伯特·维纳（1950）

已经有几项详细的研究评估了在可预见的将来，哪些工作可能被机器取代。例如，美国连锁咖啡屋 Panera 的 CEO 罗恩·谢赫（Ron Shaich）曾一针见血地指出：

> 劳动将会式微。由于数字化利用率的提高——就像太阳在早晨升起一样——它会继续上升。

他引用了《世界经济论坛评论》的评论，这篇评论援引了彭博社的报告，称机器人会在“未来的十年至二十年间，替换美国近一半的劳动力”（Peterson, 2015）。解决这一问题有两种方法——问问“专家”他们认为会发生什么（正如我们在皮尤报告中所看到的），或者一个接一个地回顾就业与科技领域的资料。牛津大学的两位经济学家卡尔·贝内迪克特·弗雷（Carl Benedikt Frey）和迈克尔·A.

奥斯本（Michael A. Osborne）（2013）采取了第二种方法。他们不辞劳苦地分析，始于美国劳工部对目前劳动力进行的不少于 903 个详细职业的界定分类。他们两人将上述职业类型减少到 702 个，并继续为每种职业赋值，以评估它们对机器介入的敏感性。从最不容易受他们所称的“电子计算机化”影响的工作开始，在他们的列表中，排在第一位的是娱乐治疗师，而排在末位的是电话推销员。

他们的标准很简单，然而人工智能的智力和机器人技术的发展并不仅仅集中于商业行为：

人工智能让许多非常规任务被自动化，然而，涉及复杂感知和生产任务的职业、创造性智力任务及社会智慧任务，还是很难在未来十年到二十年内被计算机资本取代……比如，洗碗工所需的低程度的社会智能，使得这一职业比公共关系专家更容易受到计算机化的影响。

他们的研究方法是依据对既有工作的评估，评价其对工作外包的敏感性。他们的结论是，大约 47% 的美国雇员属于“高风险”类别：

我们预计，工作可能很快就会实现自动化，或许在未来十年或二十年。

更重要的是（这一评估在媒体上已经较少报道），还有另外 19% 的工作会处于“中等风险”，而这两类占美国就业人口的 66%。根据弗雷和奥斯本的模型预测：

大多数从事运输和物流行业的工人，大部分行政长官和行政辅助人员，以及生产性公司的劳动者，正处于危险之中。更令人惊异的是，我们发现过去几十年，美国大部分就业岗位都是在服务行业增长的，而这些就业岗位非常容易受到计算机化的影响。

弗雷和奥斯本的分析是以一项有趣的历史研究为基础的，即对利害关系的讨论。不仅引用了勒德分子的暴乱和类似的反对运动，而且还引用了女王伊丽莎白一世拒绝授予专利的著名例子，她认为这会使她的子民被夺去工作而沦为贫困：

> 如此确会夺其工作，而迫其为丐，吾民覆也。

主要工业经济体的“智囊团”——国际经济合作与发展组织（OECD）的一份报告发展了弗雷和奥斯本的方法，但也对其提出了挑战。虽然该报告接受了弗雷和奥斯本的大部分分析，但 OECD 的文件（Arntz, Gregory & Zierahn, 2016）聚焦于弗雷和奥斯本的假设，即弗雷和奥斯本认为在向机器智能转移的工作任务（或者用 OECD 的术语来说，是“自动化”），基本包含了他们所列出的工作。OECD 在报告中预测的，远比弗雷和奥斯本名单中的工作数量更多，特别是那些包含特殊工作内容的工作。报告中还指出，伦理和法律因素将抑制机器对许多职业的接管。因此 OECD 得出的结论是，会有 9% 而不是 47% 的工作面临接管的危险。

在后面的章节中，我们评估了这些方法的相对优点，同时也提出，新工作是否会随着旧工作被取代而自然出现。但在开始议论前，首先让我们抽样一些关键的领域和职业，因为这些领域和职业已经开始受到影响，正在从人类劳动变成机器在认真工作。在某些情况下，我们会议论已经被使用的技术，而这时其他的技术应用也即将到来。还在角落中观察这些景象都不完全是一个好事情。在佩尤研究中心的一份研究中，他们提供了尖锐的例子，揭示出普遍存在的“专家”不确定性的原因；而在弗雷和奥斯本和 OECD 的报告中，则鲜明地描述了这些具体工作的特征。

我们从最著名、最引人注目的例子开始，即自动驾驶汽车（autonomous vehicles）。之后我们会更简单地分析其他就业领域的情况。最后，我们再小心谨慎地去展望，看看那些在直觉上被认为是“以人为中心”的职业，因而也是“更安全”的职业，其实际上也正在面临威胁。

自动驾驶车辆

优步（Uber）抓住了商用车应用的主动权，而谷歌的发展更是吸引了全世界的想象，19 辆自动驾驶汽车正在加州的公共道路上行驶。不太为人所知的是，与谷歌同时期，世界上所有主要的汽车公司都在做同样的工作，从所谓的“互联汽车”开始，包括发展先进的电子技术，从而帮助驾驶员驾驶车辆，并与公司的数据库连接（CB Insights, 2016）。它们中的一些模式是过渡型的，本质上是实验性的，可能很快就会过时；而另一些模式则是能够在实现完全自动化的过程中，通过连续不断地更新软件以及可能的硬件，实现长远发展。我们中很少有人知道汽车在多大程度上已经变成了轮子上的电脑。举个例子，福特 F150 很难说是最迷人或看上去是高科技的汽车，可其却安装有 15 亿条代码（Saracco, 2016）。

这一情形也出现在我们早已习惯的现有系统上，其中 ABS（防抱死）刹车可能是最有趣的。在危险情况下，

ABS 系统基本上会超越驾驶员的指令，自行决定刹车。事实上，我们的汽车已经开始自动驾驶了。

围绕这一争论的一大不确定性，是自动驾驶汽车的未来是发生在底特律，还是硅谷和西海岸科技地区。我们笨拙地来判断一下，关于以底特律模式为典型的、在现有汽车上应用数字设备的方式，传统汽车制造商们还保持着自信，他们相信自己的业务和技术尚不会被硅谷所取代。举一个适当的例子：我最近开的车是一辆租的凯迪拉克 SUV（Cadillac SUV），它安装的视觉显示屏显示我的车速是标准速度的三倍，我认为更加高级的是车辆还有两块独立的数字显示屏在做同样的事，再加上一个大的、彩色的字体，告诉我剩余的油的比例，然后你就能注意到重点。平头的中间部位安装有一个屏幕来控制倒车，汽车的后置倒车摄像头也是一个优点（也许是数字时代唯一明显的变化），尽管不清楚是否比使用同样的屏幕来设置暖气控制更好（开车时比传统的旋钮更难控制，如果不算是彻头彻尾的危险的话），这里本身就是一个好问题。

谷歌汽车当然获得了大众的关注，不过在美国西海岸也有传言称苹果正在开发一个项目，而特斯拉则以其创新的高端电动汽车做出了大胆的声明。特斯拉汽车已经可以在高速公路上以半自动模式行驶——司机们应该保持警惕，并做好被取代的准备。到 2018 年，软件更新将使它们在无人驾驶模式下能够在美国全国范围内开车，从一个海岸到另一个海岸。在欧洲的汽车公司中，沃尔沃宣称到 2020 年该品牌的汽车将是“无事故”的，他们雄心勃勃的目标是该品牌汽车不伤害他们的用户。而考虑到沃尔沃在安全方面的传统声誉，这是一种专注于发展的有趣方式——不是冒险，而是在加强使其成名的因素。大众汽车（Volkswagen）持有斯堪尼亚（Scania）的主要股权。斯堪尼亚正在开发一种名为“排进”（platooning）的概念，在这种概念中，一系列在近距离护航下行驶的卡车，会始终由领头车辆控制，如同一列火车受到控制一样。印度巨头塔塔已经展示了自动泊车技术，而丰田则已经在麻省理工学院和斯坦福大学研究中心投资（Hoge, 2016）。

与此同时，优步在为无人驾驶出租车市场（这一市场在很大程度上还是未知的）做准备，并已经处于领先地位。优步最近从卡内基梅隆大学（Carnegie Mellon University）聘请了一批实验室人工智能研究人员（据报道有 40 人）。正如我们已经注意到的那样。来帮助优步，在匹兹堡推出一项服务，这是一个绝妙的主意。很明显，整个交通经济开始被可以预见的一种基于服务（而非所有权）的自动使用模式所颠覆，这些人正计划建立自己的商业模式。我们点击优步的应用，在很短的时间内就会出现一辆无人驾驶的优步出租车。事实上已经出现了一些有趣的讨论，比如是否能将优步在拼车业务增长中的强势品牌地位提升到其所预期的新情势，从而实现扩增市场。优步很可能会发现，租用无人驾驶汽车已经成为一种商品服务，因此汽车品牌本身已经无关紧要。无论如何，优步的人类司机极有可能发现他们的新职业生涯被极大地缩短了。优步可能是迄今唯一一家在硅谷的创造了大量的新工作岗位的初创企业，而优步司机职业生涯的结束是即将到来的颠覆瓦解中出现的更戏剧性的早期影响之一（Samani, 2015）。

据《连线》（*Wired Magazine*）杂志报道，向混合动力车的转变可能从卡车开始，因为它们的成本要高很多，同时自动化将会使 24 小时运行成为可能，并削减保险费用（Davies, 2015）。根据美国卡车运输公司的说法，在美国，目前有 350 万个卡车司机的工作岗位。而卡车也造成了许多事故——在 2012 年，约有 33 万起事故，导致 4000 人死亡（当然，大部分是在汽车内的死亡）。90% 的事故是由司机造成的。目前，矿业公司已经在广泛使用自动驾驶卡车（和火车），其部分原因就是由于劳动力成本，但同时也是出于对安全的考虑（Santens, 2015; Strauss, 2015）。

保险是一个很重要的因素。这可能看起来与直觉相违背，但它却是支持自动驾驶技术安全性的一个主要理由。当我们发现在 70 英里的高速公路交通上，卡车上居然没有一个司机，这种景象虽然可怕，然而事实却是，我们人类并不是很擅长许多我们所从事的工作（这一点同样适用于许多其他将会被机器智能取代的领域）。这就是有那么多公路事故，使得美国每年会有数万人死亡、数十万人受伤的原因。我们集中注意力的能力是有限的，从我们坐在方向盘前不知不觉已经开出去 20 英里这种经历就可以让人理解。事实上，在每年死于交通事故的3.5万美国人中，80%的人都是酒后驾驶、超速或分心驾驶的受害者——这些都不太可能成为电脑的问题。有人预测，应用自动驾驶技术后保险费率整体上将大幅下降，但是如果你想要享受自己开车的奢侈，保险费用将变得非常昂贵。此外，自动驾驶技术未来的前景不仅是自动驾驶车辆将会比目前的人类驾驶更安全，而且它们还将进行防御性驾驶。通过24小时360度的注意，并与其他车辆（如拐角附近的车辆）沟通，它们可以保护乘客免受其他车辆错误的侵扰。

其中一个有利因素是，急诊室的就诊需求可能会下降（作为连锁反应，医疗费用也会下降）。当然，这也会对医疗工作产生影响，同时也会影响到那些已经缩小了的汽车保险产业的工作。与此同时，沃尔沃已经提出了一项针对自动驾驶汽车的标准责任方案。人们会问道，如果事故发生在汽车驾驶本身，那么谁将承担责任呢？沃尔沃率先声明将承担全部责任——这一政策可能为其他制造商也设定了相应标准（《保险时报》，2015年）。

伦敦劳埃德银行2014年发表的承保人保险报告

（Lloyd's of London, 2014）中称，目前已经开始解决自动驾驶汽车未来可能引发的某些实操问题。该报告描绘了这样一种经济：

私人所有的汽车数量已经急剧下降，被越来越多的人使用的是自动驾驶的快捷汽车，这些汽车可能是由公司从制造商那里租来的，而不是自己拥有。

劳埃德银行意识到这一情形下的一些问题：

随着人们更少地依赖人类驾驶员进行驾驶，交通行业新增加的风险将与汽车技术本身相关。电脑能做许多人类司机做不到的事情：它们能在雾天和黑暗中看到东西，而且不容易疲劳和分心。然而，系统只能和它们的设计者和程序员水平一致，因此它们也可能会犯错。而随着汽车上使用的硬件和软件越来越复杂，也会有更多可能出错的地方。

因此，他们预计负责人仍需要做好随时接手工作的准备。

如果法律要求司机监督一辆自动驾驶的汽车，他们可能会意识到自己很难专注于这项任务，如果他们觉得自己能够信任这辆汽车的话。

埃德劳报告设想的前景是一个过渡性方案，驾驶员可以选择巡航控制来进行“自动驾驶”。相比之下，谷歌最新一代的原型机则完全没有方向盘。这种设计上的坚持也获得了加州政府的支持。事实上，前述那种半替代的过渡方案存在的问题远比全程无人驾驶方案的更多。在驾驶过程中，始终保持半注意力——这对于人类驾驶员而言，他们本应完全靠自己驾驶，而在半注意状态下往往不能正确地集中注意力——这样似乎格外危险。

更为重要的是，自动驾驶技术可能会戏剧性地改变汽车市场的保有量。如果点击一个应用程序，系统就会立刻把一辆汽车带到您家门口，那么谁还想要去拥有一辆车呢？在城市中，已经有一些证据表明优步的拼车服务正在减少车辆的拥有量，因为它比打车方便多了（而且通常更便宜）。千禧一代的购车人数，已经下降了一段时间了（Schwartz, 2015）。事实上，密歇根大学的一项研究表明，汽车保有量可能会减少 43%。研究指出，目前美国家庭平均拥有 2.1 辆汽车，这就表明，上述比例可能会降至 1.2 辆（Schoettle & Sivak, 2015）。

而这一切实际上有可能被低估了。研究人员预测，典型的美国家庭，最终还是会拥有一辆汽车——但是会处理掉第二辆，因为无人驾驶汽车的租赁既方便又实惠。更具可能性的是，一旦无人驾驶技术革命开始，它就将持续下去。而对未来车主的另一项预测是，汽车保有量将减少 60%—90%，继而将可能对汽车制造业产生巨大影响。如果我们不需要拥有两辆车，为什么还要一辆呢？成本对消费者的影响也可能是巨大的。在《人工智能时代》（*Humans Need Not Apply*）一书中，硅谷企业家、斯坦福学者杰瑞·卡布兰（Jerry Kaplan）（2015）为我们展示了一些有趣的数字。根据美国汽车协会（AAA）提供的数据，他提出个人旅行的费用可能会下降 75%，从每英里 60 美分降至仅仅 15 美分——这将使得普通家庭解脱相当部分的可支配收入以用于其他目的；而且，根据另一项研究，这会使美国经济每年收益不少于 3 万亿美元。当然，我们以前也听过类似的乐观预测。早在 20 世纪 50 年代，就有人声称，核能会给我们带来免费的能量。不过，我们越接近自动驾驶技术的实际应用，这些估计就可以越准确。

英国劳埃德的中期报告也同样显示出，对人们不再需要拥有汽车的不安。劳埃德实施的一项英国调查研究发现，大多数人对放弃驾驶会感到紧张。“把自己的信任寄托在电脑上，人们会感到不适，人们太喜欢开车的过程，并不愿意放弃它。”

当然，这是人们在习惯颠覆性的汽车创新之前，是一种倾向性的思维方式。一旦这项服务推广后，非常安全、便利，并且很经济地实现后，估计就很难看到人们还会这么想了。

经济因素是一个基本考量。虽然汽车非常昂贵（对我们大多数人而言，通常是继买房外最贵的消费），但实际上它们大部分时间都是在车库里或是停在街上。根据商业内幕网（Business Insider）记者马修·德波（Matthew DeBord）2015年报道，华尔街的一位分析师认为，汽车的典型利用率是4%。每天只使用一小时。“这一百年来没有发生实质性的变化……”对他来说，这是一种惊人的浪费，是一种不可撼动的模式。当然，这种观点与拥有汽车的便利性背道而驰：汽车在需要的时候就在那里，等待着被驾驶。黛博拉说：“我有一辆车，整天都在我的车道上。”“但我真的真的很喜欢我的车在我需要的时候就在那里。”

尽管农村地区可能会长期保留一套不同的做法，就像它们在其他方面那样，但明智的选择应当是在城市和郊区倾向于无人驾驶或者租赁。而优步现有的服务，也有助于开辟这条道路。最近，我们很多人都感受到了租用优步与通常的叫车费非常不同。在法兰克福车展上，豪华汽车制造商梅赛德斯—奔驰（Mercedes-Benz）最近就宣布了自己的自动驾驶出租车计划：一个“自由泊车的共享汽车供应商”，“让客户可以快速租到散布在城市各处的车辆”。梅赛德斯—奔驰的母公司戴姆勒（Daimler）的总裁迪特·蔡澈（Dieter Zetsche）说：

> 如果汽车能自动开到您跟前，那就更方便了”。“一旦我在日历上的约会时间到了，如果（它）能不需要提示就出现，那将是非常实用的。（Vincent, 2015）

自动驾驶更为广泛的社会应用将是巨大的。试想自动驾驶可以惠及那些当下不能驾驶的人——不管他们是因为生病、年老、残疾或是确实年幼。想象一下，我们将能够在途中工作、甚至聚会（是的，酒精限制和驾驶中禁止发短信或者打电话，都将会失去意义）。有人建议，我们将会比过去更多地使用公路旅行，因为在工作（或睡眠）环境下的门到门服务，可能使得几百英里的飞行出行方式减少了吸引力。同时，睡眠环境还可能会减少旅馆的使用，或者会促生一种新型的汽车旅馆——在设计上能使得人与自动驾驶汽车同时使用（整个途中在车里睡觉后，我们需要在到达时冲个澡）。而这仅仅是一个开始——将机器智能应用于一个简单的人类活动——驾驶的结果。

法律、金融、计算机服务与管理

正如无人驾驶汽车所展示的那样，机器智能的影响远比乍一看要大得多。而显然易见的是，机器的机械化应用，像自动取款机和超市收银台这样的智能设备对我们而言最有意义，而事实上，机器人 / 人工智能革命的影响远远超出了低技能任务的范围。复杂的算法正在逐渐取代律师助理、合同律师和专利律师的多项任务。更具体地说，律师事务所现在仰仗电脑完成上千份法律简报和判例的扫描，以协助完成审前研究。例如，一个软件系统被证明能够在两天内分析和分类 57 万份文档（Frey & Osborne, 2013）。

问题的关键在于，计算机的作用不仅在于搜索文本和数据库，而且在于越来越多地包含更精细的任务。那些过早地认为就业影响将仅限于低技能和经济规模较低水平的人，应当感到担忧。那些需要精细判断的职业，也越来越容易受到电脑化的影响。对于许多这样的任务，算法的无偏见性决策相对于人工操作就具有相对优势。在最具挑战性或最关键的应用当中，如在 ICU 病房中，算法预测可作为人工操作者的输入系统；而在其他情况下，算法本身就可成为负责且恰当的决策者。

也许最引人注目的是：

> 甚至软件工程师的工作，可能很快也会在很大程度上能够计算机化……大数据库的代码也能提供算法的最终前景，它可以学习如何编写程序以满足人类提供的特定要求……这种超越人类判断的算法进步，好像正变得越来越普遍。（Frey & Osborne，2013）

弗雷和奥斯本（Frey & Osborne）引用了一段预言：

> 复杂的算法可以替代全球大约 1.4 亿名全职知识劳动者。

这是一个戏剧性的、确实相当令人不寒而栗的消息——并且与推动科技教育（STEM）密切相关，科技教育被作为传统智慧下提出的解决方案，应对自动化所带来的就业岗位流失的挑战。

再往上直到专业高层领域，听听露西·马库斯（Lucy Marcus, 2015）在全球科技领袖董事会和公司领导层会议中所说的：

> 尽管这听起来可能还遥不可及，但根据“世界经济论坛全球纲领委员会”（World Economic Forum's Global Agenda Council）的调查显示，在800名受访高管中，有45%的人预见，到2025年将会出现人工智能机器进入公司董事会中。

她继续说，她和剩余的55%人一样，对于人工智能是否可以真正成为董事会成员保持怀疑；对于决策者而言，数据将变得更加重要，然而决策本身仍将由人类（投票）做出。从短期或中期来看，她有可能是对的。但如果把机器智能仅仅看作将原始数据提供给需要做出决策的人——也就是说，一旦这些决策变得复杂——那就大错特错了。正如金融市场已经发生的那样（并在2008年崩盘时被证明曾是加速剂），机器正越来越多地被“信任”于复杂的决策之中，而这些决策是人类无法把握的。是否需要用标准术语来表述“董事会成员”（就像在选举名单上的参与者一样），将会越来越依赖——也许是股东们的坚持——在高层企业决策中使用机器智能，而在某些情况下则推迟使用机器智能。

教育：慕课（MOOC）现象

那么，像教学这样的高技能职业呢？过去几年前，人们对我们常说的在线课程非常感兴趣。这些在线课程被重新命名为慕课（MOOCs，“大规模的、开放的、在线课程”），这也是一种流行的首字母缩略词，人工智能的发展使得新一代在线教育成为可能。它的神奇之处在于零边际成本。教育上，多教一个学生并不会花费更多的钱。传统的在线教育之所以没有取得许多人 25 年前预期的飞跃进步，其中一个原因是，它与更早的 19 世纪以来依旧有的邮件系统为基础的“函授课程”相差并不多。标准在线课程有一种特殊的便利——特别是当它们是同步性的——也就是说，你可以随时学习——但是它们像传统的课堂教育一样，需要为老师们提供密集的教学帮助。例如，班级需要小一些。随着慕课的出现，课堂发生的变化是，教授 100 万名学生所需的费用，并不比教授十几个名学生多。

当一项技术抓住了新闻头条，但却未能在市场上流行起来时，一些评论员很快就会为这项技术撰写讣告，而慕课现象正属于这一类，但现在还为时尚早。主要的科研机构——包括世界顶尖大学在内——正在开展的一项调查研究，也许多少让人有所担心，这就是科技是否会终结整个高等教育。同时，与无人驾驶汽车一样，我们需要注意这其中的经济因素。传统的大学教育对于学生和政府而言都在变得越来越昂贵，这一事实（同时考虑到学生债务）已经成为当今教育界讨论的主要话题。当新技术提供的可能性与经济机会相遇，巨变将随之而来。乐观主义者曾引导着《纽约时报》将2012年称为“慕课之年”，这一切虽已沉寂，然而值得注意的是，创新大师和哈佛商学院教授克莱·克里斯坦森（Clay Christensen）已经做出了一项惊人的长期预测：

在十五年内，一半的美国大学和学院将会破产。（Suster, 2013）

早先提供这些课程而有经验的一些平台（包括营利性的和非营利性的）已经发生了混同（沃顿，2015），这正是对于慕课的发展和前景已经从最初的炒作变得更为冷静思考的原因。可以理解，著名大学涉足这一新领域时都表现出了一定程度的担忧，因为它们并不希望削弱自己的学生和学位市场。因此，重点是开设非学分课程，在某些情况下，针对的是那些渴求专业成就的人提供“结业证书”（通常是收费的）。有点令人惊讶的是，我们还没有见到一个完整的本科在线学位课程，尽管这可能只是时间的问题。第一个完整的研究生在线学位项目，已经通过了佐治亚理工学院与慕课供应商优达学成（Udacity）和美国电话电报公司（AT & T）的联合实验室测试——由两个公司第一梯队人马组成。有趣的是，这并不是一项淡化资格的项目，而是与校园课程相当的项目。这一点将是这类课程的市场关键，尽管开设这类课程的成本显然很高，而且必将会带来激烈的竞争，尤其是当那些顶级机构将这些课程“品牌化”（Zhenghao et al.,2015）。

无论克里斯坦森（Christensen）对于美国近半数高等教育崩溃的末日预言是否成立，慕课的“零边际成本”原则最终都将从根本上摧毁现有体系。而且，在这个过程中，它可能导致数万个大学教授失去工作岗位。最近的一项研究很好地说明了这一点。《经济学家》的熊彼特专栏有一则标题颇为引人注目——《机器人博士 QC 教授》（熊彼特，2015），专栏的副标题写道：“这些职业曾经被视为安全港，如今却处于风暴的中心。”随后引用了二十世纪 30 年代的一本书，书中将专业人士描述为“对威胁稳定与和平发展的原始力量的抵抗中心”，继而作者又转向新的主张，即专业人士的核心力量正在受到信息技术的威胁。算法已经“允许世俗完全放弃一些专业人士，或者至少把他们从王座上拉下来”。每个月都有 1.9 亿人访问 WebMD——超过了在美国看普通医生的数量，就连就医也越来越多地涉及机器智能的介入：IBM 发明的战胜危险的计算机沃森（Watson），现在已经被用来作为合作医院的医学大脑。弗雷和奥斯本（Frey & Osborne, 2013）在他们关于机器智能对就业影响的报告中就指出，里亚尔·斯隆·凯特琳癌症中心（Sloan Kettering Cancer Center）的肿瘤学家们已经在使用沃森来“提供长期护理和癌症治疗诊断”。截至 2013 年，沃森已经吸收了 60 万份医疗报告、150 万份患者记录和临床试验，以及 200 万页医学期刊论文。因为这是非常昂贵的，特别是通过计算机才能够比对分析的患者个人症状、遗传、家庭和用药史，以制定诊断和治疗计划，因此，早期将人工智能应用于癌症护理领域就不足为奇了。

让我们回到《经济学人》的一篇文章：

教育类应用程序是苹果应用商店中仅次于游戏类，第二大最受欢迎的类别，慕课吸引了成千上万的学生。

越来越多的法官和律师通过“电子判决”来解决小额索赔问题。这是eBay使用的技术之一，用来解决每年超过6000万用户之间的分歧（Schumpeter，2015）。这能走多远？熊彼特问道。

理查德·萨斯肯德和丹尼尔·萨斯肯德两位先生（Susskind & Susskind）预测，这将一直持续到“传统职业的解体”。他们认为，这些工作是对问题的一种解决，因为普通人对专业领域只具有“有限的理解”。但是技术可以使得这一切变得容易，特别是当他们在获得对专业的必要理解时而能够获得萨斯肯德的书，该书同时对两个问题做出了复杂的回应：

第一，当代社会何以构成“职业”；第二，对于那些潜在的将会被机器所替代的工作，存在哪些的巧妙应对之道。（Susskind & Susskind, 2015）

老年照顾与护理

只有低技能工作才存在被替代的风险，机器智能革命显然会挑战这一假设。但是，对于那些具有较高的（且不可替代的）内在“人类智商”的职业呢？

这方面，最引人注目的发展体现在照顾老人和病人。很明显，随着社会老龄化，提供这种照顾的任务将大大增加。对于那些人口结构比其他国家更加倾斜的国家而言，这一点尤为明显。因此，在日本，许多应用程序开发的重点集中在老年人护理应用领域，就不足为奇了，因此在那里，人口更迭已经成为其社会的重大问题。根据 2010 年的一份报告显示，日本护理机构中从业人员已达 3000 万人（Hay, 2015）。

但养老经济是普遍存在的。一项预估显示，到 2050 年，65 岁以上的人口将增加 181%，与同期预计的 15 岁至 65 岁的人口增长相比，这是一个惊人的差异，因为后者的增长只有 33%。因此，英国和美国都在相关技术开发方面投入了大量资金，用以使得老年照顾依赖者获得照顾更为简单。在基本层面上，这可能只涉及那些独居者，在其家中安装传感器，一旦他们的行动模式发生变化，就会通过传感器发出报告，这样就会有亲戚或护士到访。其他的研发契机，包括机器人陪伴者帕罗（Paro）——这是一款机械海豹，能够回应宠爱，也能够在被丢落或者无视时哭泣（是一款针对老年人设计的上一代电子宠物的更新版）——帕罗可以和老年人做游戏以及跳舞，能够帮助他们在琐事上保持思维活跃（Hey，2015）。这种方式非常简单，可以使用一个伦巴（Roomba）真空扫地机器人，或者使用机器人手臂做出有限的动作来帮助老年人入浴，以及通用设置指令将机器人开发出洗碗和洗衣的功能。其实以上例子中没有一个是严格限定为医疗用途的设计，而是通过多方面来实现对人的照顾，处理那些情况比年轻时更为脆弱的人的护理问题。

同时在更加复杂的层面，我们还有机器人看护者和陪伴者。地平爱子（Chihira Aico）就被设计为看上去 32 岁左右的日本女性，这样能使人们在和机器人谈及他们的困难时，感觉更为舒服。

也就是今年早些时候，软银（Softbank）公布了它的派宝（Pepper），这只是人型机器人中的一款，这种人型创造物有能力读懂人的情感表现，同时能够对人的情绪做出反应。而当我们和机器人的沟通能力上实现重大突破后，派宝可以有效地帮助我们实现精神管理，并可以在需要的时候进行持续监控。（Hey，2015）

而在伦理和社会接受性上的重要议题，将是我们能在多大程度上（作为亲人或者朋友——以及作为潜在的患者）对机器人的行为让人感到舒适，以及患者认为机器人是人：

机器人护理者能倾听最荒诞的故事，也能倾听那些毫无意义的话，而不会挫伤老年痴呆症患者。（Brikett，2014）

而当自然语言的认知和使用变得越来越复杂时，我们可以预测，这一系列问题会越来越尖锐。

除了这些人工智能应用的出现所潜在的争议问题，我们正在迎来机器智能能力的革命，而它们正在替代许许多多传统上由人类职业所占据的（那些以前曾被认为过于复杂而难以被计算机化的）工作——例如家庭成员或者康护专家和社会工作者。正如我们在上面所指出的，当强大的经济论据在起作用时，我们可以预期人们对发展和利用这种能力的兴趣会越来越大。

心理学与精神病学

如果你打算从事一项能够竞争过机器的工作并将其作为事业，那么一个显在的选择就是专注于人类心灵研究。心理学家在弗雷和奥斯本分类学中排名第十七位——他们的排名情况和我们想象的差不多高。然而，就在我撰写本章时，我的推特上出现了另一篇来自《美国科学》的文章，内容是关于人工智能和情感领域：

这里是卡内基·梅隆大学，在我们的机器人中心，费尔南德·德拉托雷（Fernando De La Torre）已经领导开发出某种特别有效的人脸分析软件，称为英特飞（IntraFace）。他的团队创造的个体识别算法，使得软件可以执行对人个体的外表分析。虽然还不是非常精确，但是已经很有效率；这款软件甚至可以在手机上运行。

德拉托雷和一位来自匹茨堡大学的心理学家杰弗瑞·科恩（Jeffery Cohn），已经开始在精神病诊所试用该软件，该软件对于探测情绪上的抑郁取得了令人振奋的效果。在自然状态下探测抑郁，需要有能力去捕捉精确的面部表情，而这正是这款软件正在做的事情。

想象这种可能性：一位虚拟心理学家可以在诊所与患者面谈过程中，通过分析我们所展现出来的感情，帮助诊断抑郁；它甚至能够随着疾病的过程或者治疗的介入程度，而量化情绪上的变化。市场分析师可以很好地测算受众将对他们的产品和广告做出何种反应，而教师能够评价一堂课程计划是否有效地吸引了学生。智能手机也能变化谈话方向或者建议，如果它们感到我们烦躁或者疑惑。

换句话说，我们这些毫无情感的设备可以通过我们的表情，来了解我们。

麻省理工学院教授罗萨德林·皮卡德在她的著作《情感计算》（Affective computing）中开创性地提出了上述观点[①]，表明相信“人商”（Chuman quotient）曲线是难以理解的，可能是过于天真了。简单而言，我们最自然而然联想到的与人类存在和直觉相联系的技能，是能够被数字形式打破的。

换言之，所有的赌注都没有了。正如我们将在以后评估这些技术进步时所看到的，我们会判断哪些工作是“安全的”，然后我们继而会判断劳动市场上的潜在的未来发展的思维模式，一直受到事件的干扰。这对于我们所有人都是一个问题，特别是对那些继续尝试兜售定心丸的人。如果人工智能开始占据情感智能市场，那么没有工作的世

① Rosalind Richard 对于情感计算的内容细节，参见 http://web.media.mit.edu/ ~ picard/publications.php.

界会更加可能。

威胁不仅仅存在于人类的工作——或者是马匹的。在1988 年法国电影《熊的故事》（*The Bear*）中，曾有 55 头受训的熊接受了试镜，而在 2015 年奥斯卡的重磅赢家《荒野猎人》（*The Revenant*）中就不再需要了，尽管故事中心是主角——由莱昂纳多·迪卡普里奥饰演的捕猎者和一头灰熊之间进行长时间搏斗。在后者中没有熊试镜，没有一头熊是必需的。熊的部分完全是数字特效创作完成（Hawkes，2016）。当然，熊的扮演者可以看到墙幕上的脚本，而人工智能的应用确保了大量工作可以以数字化的方式完成。

第二章 “愚蠢的勒德分子”

虽然对于未来尚不知晓，但是智慧地估计将要发生的事情，对于我们当下的决策至关重要。人们不愿意探讨科技对就业的潜在影响，一个主要原因是他们不希望被贴上“勒德分子”的标签。这很容易去指责或者威胁人们在技术发展之前不要去谈论。我在序中提到，一些公共知识分子开始质疑传统智慧观点，他们中就有美国前财务部部长、哈佛大学校长拉里·萨默斯。既然他首先提出了“勒德”问题，那就用他的言论作为本章的精彩起点吧！

二十世纪七十年代，当我还是麻省理工学院本科生的时候，作为一名年轻的经济学学生便被置于自动化的议论中。当时存在有两大派系：一派是愚蠢的勒德分子，他们大部分置身于经济学系之外；另一派则是聪明的进步派……勒德分子认为自动化将会使所有的工作都消失，这将使得人们没有工作可做。

——拉里·萨默斯（2013）

在科技鼓吹者中，正在滋长着针对批评者的敏感——对于任何批评——在任何地方都是主导性的：我们已经从历史中学习了各种灾难——从下沉的泰坦尼克到转基因的惨败，再到2008年华尔街的崩溃——令人沮丧的批判性想法总是夸大危机。事情越大，风险就越大。即便是左派政治家和劳工领袖也不愿涉足这些讨论，因为他们都怕被贴上勒德分子的标签。科技鼓吹者正使得那些必须单独被讨论的事情，变得越来越难以言说。换言之，其实他们并不是真正意义上自以为是的技术之友——特别是从长期来看。尽早参与到潜在问题中，是确保成功的关键，其中重要的是给予不和谐的声音以话语的空间。从反应停（沙利度胺）到“疯牛”病，从吸烟到“转基因”生物体，我们早已见识到消失了早期批评后，留给世人的只有更具伤害的后果。

也有一些人，他们希望提出超越不同意见的观点。最明显的例子当属埃隆·马斯克（Elon Musk）提出的新奇建议，他的创新帝国中包括特斯拉汽车、SpaceX 火箭，以及计划中的 hyperloop 极速交通系统。他不仅仅被认为是勒德式的，而且足以被称为“年度勒德分子”[①]。这一判断来自华盛顿特区的政府智库。为什么这样说？因为马斯克敢于签署一份来自世界顶尖科学思想家（包括斯蒂芬·霍金）的声明，该声明引发了人们对人工智能可以从本质上取代人类的长期危险性的质疑。提出一个关于技术的潜在问题，你有被人称为勒德分子的危险。很难想象还有什么

① 针对埃隆·马斯克（Elon Musk）是勒德分子的诽谤，来自信息技术与创新基金会（Information Technology and Innovative Foundation）。也许这是不公平的，我发现一个理由来避免这一指责，这是在埃里克·布吕诺尔夫松（Erik Bryjolfsson）和安德鲁·麦卡菲（Andrew McAfee）合写的《次机器革命》（*The Second Machine Age*, 2014）的书封上部的小标题，是关注于技术性失业时间表的，写道《智慧科技时代中的工作、进步和财富》（*Work, Progress, and Prosperity in a Time of Brilliant Technologies*），这比他们早前另一部书《人与机器的赛跑》（*Race Against the Machine*）更好地抓住了问题本身。更多关于马斯克、霍金和盖茨有关人工智能的警告，见 Sainato（2015）。

是比充分和自由的公共讨论更好的润滑剂，用以去关注那些新生技术可能导致的危险。而当前正是我们鼓励和欢迎去进行最为坦诚的也是最为诚实的对话，去共议未来的时候。

并且，机器人对就业的影响，同时也是机器人对数字科技的发展和应用的影响这一更为广泛议题的一部分。科技鼓吹者无视对技术性失业的关注，将使得他们奇怪地站在争论的两方。例如，我最近被邀请出席西班牙马德里举办的一个由《经济学》杂志主办的会议。会议的主题是：这是否是一场真正的革命，是否是一场远胜于其他最终是科技和经济标准化进程中常规发展的进步？科技鼓吹者们会回答是，但是会否认其将对就业带来颠覆性影响。似乎工作本身是已经独立于基础性崩溃的“安全港”。任何事物都在发展变化，他们说。但是除非我们每个人仍将获得充分的工作，正如在旧工业经济中我们所拥有的那样，否则这显然只是一个颇令人欣慰的假设，但同时也过于天真。

科技鼓吹者们虚构的勒德分子并不关心严肃的话题；

他们更钟情于“大锤”的使用。因此今天那些科技鼓吹者感到他们自己需要自己挥动武器，以避免严肃的讨论，这就很具有讽刺意味了。我们必须停止称呼人们为勒德分子，而开始进行相互尊重的圆桌议论，包括邀请那些正在挑战传统智识的人参加。

在这一问题上，最近最具有影响力的书，是由麻省理工学院经济学家埃里克·布吕诺尔夫松（Erik Bryjolfsson）和安德鲁·麦卡菲（Andrew McAfee）合写的《次机器革命》（*The Second Machine Age*），副标题是《智慧科技时代中的工作、进步和财富》（*Work, Progress, and Prosperity in a Time of Brilliant Technologies*，2014）。其基础是他们早先的一部电子书籍《人与机器的赛跑》（*Race Against the Machine*，2011）。他们具体指出了机器智能对于就业的变革性影响，并得出结论认为，机器智能实际上会带给劳动市场根本意义上的挑战，同时也存在政策和行动策略可以缩小该影响。企业家兼作家马丁·福特（Martin Ford）所写的《机器人崛起》（*Rise of the Robots*）也是类似的著作，而且更加鞭辟入里。研究者们的更为细致的当代分析，还讨论了当前工资停滞问题，这些研究包括詹姆士·贝森（James Bessen）的《做中学：创新、工资与财富之间的真实关联》（*Learning by Doing: The Real Connection Between Innovation, Wages, and Wealth, 2015*）。

而另一篇非常重要的文章，来自麻省理工学院经济学家大卫·亚瑟（David Autor），则提请人们关注技术自动地会摧毁工作。在《为什么还有这么多工作？职场自动化的历史和未来》（*Why are There Still So Many Jobs？ The History and Future of Workplace Automation, 2015*）这篇论文中，作者反映了最近的技术对劳动市场的影响，并对未来可能出现的工作提出了乐观见解。正确地评估技术对就业的影响，“需要思考工作中所包含的任务范围，以及人力劳动在多大程度上可以补充新技术”。前一观点在OECD的报告中被进一步阐释，正如我们在第一章中介绍的那样，一个原因就是这个评估比起牛津大学马丁学院的方法更为乐观——因为“工作是由多任务组成的”，技术替代远比第一种预测所建议的那样更为复杂。并且，亚瑟引用了哲学家迈克尔·波兰尼（Michael Polanyi）的著作，认为很多人类行为中存在一种“隐性知识”：我们做的事情往往是我们自己并未完全理解的——比如写一段说服性文字，或者在碗沿儿打一颗鸡蛋，或者一眼晃过就确认出其中的一只稀有鸟类。因此，这些任务是“最难被自动化的”——这里既有较低技能工作，也有较高技能工作——这些都包含着“灵活性、判断和常识”，这些构成被认为是自动化最难以去模仿的。亚瑟也关注到了日益重要的问题，即人和机器的互补性可以实现成功的工作表现和价值创造。

很显然，任何严谨的分析都需要将这些考虑在其中，虽然有一种工作直到最近才被人们提起，但它正是低水平工作中“隐形知识”的极佳代表——这一工作为我们所有人所熟知——那就是驾驶。这里的隐形知识，即可以让高水平人类司机成功做出直观的复杂选择，将这种知识转换为算法，并没有花费很长时间。而就这一原则在更高层次上的普遍应用而言，萨斯肯德（Susskind & Susskind）最近关于机器智能对职业影响的文章——已经讨论过——已经在提醒，这一切都太引人入胜了。

事物确已变化

因此，我们该如何进行严肃的讨论？我们可以开始用更具体的方式来思考“未来”。当我们回首过去，我们一直被提醒着，事物是如何变化的。我们的手机给我们导航，Skype 使得电话免费了，而脸书让我们可以不费吹灰之力就能和家人、朋友保持联系，谷歌则让我们可以连接到世界知识宝库，在这一切发生以前，我们是很难想象生活的样貌的。然而这一切的变化，都发生在过去的二十多年。

回到 1995 年，当时只有 1800 万名美国网民，那时还没有这些，但一些令人吃惊的事情已经开始发生。Craigslist 发布，之后是 Ebay 和亚马逊（Amazon），再之后是第一个约会网站 Match.com。也是在同一年，网景（Netscape）首次公开募股（IPO），然后就是微软（Microsoft）网络搜索引擎的面世。所有的这一切都是在同一年发生的。

每个变化都是来自电脑芯片的力量，运行都是根据我们现在已知的摩尔定律（Moore’s Law），该“定律”由英特尔创始人戈登·摩尔（Gordon Moore）确立后近半个世纪来一直是这样。该定律认为（以简化的方式而言）电脑处理能力每两年会提高一倍。换句话说，任何由电脑技术驱动的事物——任何可以被数字化的事物——都是按照指数级速度发展的。这一过程会越来越快，每年都会变得更快。这就使得预想未来变得更加困难，这也使得我们自1998年出现谷歌（Google）之后的生活，正在被即将到来的变化弄得天翻地覆——而无论变化会是什么。

这种指数级思想的伟大是值得思考的。我们熟悉那些发生在金融领域的变化——复利就是带给我们退休投资长期回报的驱动力。但是关于它的力量最适合的比喻，是古老传说中的稻谷和棋盘，其景象是这样的：

一名印第安王子提出同来访的智者下一盘棋，并给他任何他想要的东西作为奖励。智者说他只想要几粒米，一粒稻谷在第一格，两粒稻谷在第二格，四粒在第三格，像这样每增加一格就翻倍前面的数。这在数学上来看确实简单，只要我们不被太大的数的计算所拖住。到了第 20 格时，已经需要 100 万粒稻谷了。到第 40 格时，数字会上升到十亿粒。而在棋盘上还有 24 格要走。到最后一格时，谷物的数量已经达到 18, 000, 000, 000, 000, 000, 000 粒，折算成重量的话就是大概 2100 亿吨（具体会取决于谷物的种类）。

这里很显然的是，摩尔定律在最后会慢下来（Technology Quarter，2016），量子和生物计算的前景预示着未来巨大的变化。图像也可以显示我们已经走了多远。通过计算我们可以得出，带领阿波罗宇航员飞往月球的计算机，其能力只是任天堂游戏机内核的两倍。而 iPhone 4 的计算机相当于 Cray-2 计算机的能力，后者曾是 1985 年最快的计算机。在过去的 50 年间，我们的计算能力已经提升了一兆（Stone, 2015）。

简言之，指数级法则使得预见未来变得极为困难。但是却也告诉我们，前方的变化将是多么巨大。棋盘的例子只是一种特殊的表述。对于最初的那几格，稻谷的数量在增加，但是尚可想象：1，2，4，8，16，32，直到64。但是当我们的棋盘过半［这一词语来自发明家和未来学家雷·库兹维尔（Ray Kurzweil）2000年的观点］，每增加一格的变化都将是巨大无比。此刻我们正处于计算机时代的半世纪途中——根据摩尔法则——我们应当预见的每年的变化率将会逐年指数级变大。

新常态的谬论

然而，这不是我们日常看事物的方式。我们知道变化会发生得很快，而且变化是加速发生的。但是我们该怎么办？二十世纪最具影响力的著作之一，当属阿尔文·托夫勒（Alvin Toffler）于1977年发表的《未来的冲击》（*Future Shock*）。题目的缘起来自人们经历过的“文化的冲击”，当时人们在不同的文化中流动。托夫勒的观点是，未来更像另一种文化，并且向未来快速转变并不容易。

这里回应前文就很有趣，即使是过去，变化发生得如此之慢，人们也注意到我们是很难应对的，变化从来都不是易事。虽然我们实际上比我们预期的适应得更好，我们所预计的能够很好适应，但是我们同时会发现，展望未来去想象持续不断的、快速的、令人不安的变化，却尤为困难。我们往往会回首往事，为自己成功挺过昨天的变化而松一口气。所以当我们向前瞻望时，我们期待明天会重复今天的轨迹。

试想这一过程是我们正处的上升旅途。我们回看过去，会发现把我们带到现在位置的曲线，升起得是多么快速和陡峭。而当我们展望未来，我们所能想象的曲线却非常和缓。我们将曲线打个结，然后再拉直。未来之线还在上升，只是越来越缓。我们只是没有想象到，曾带我们至此的变化之快速，还将继续——更别说速度还会更快了。我们已经为自己建起了“新常态”，作为明天的基线。

让我们再看看棋盘上堆积稻谷的例子，如果我们真想在前面，那么将未来发展的曲线放缓恰恰与现实相反。它只会更为陡斜，越来越陡峭地发展下去。当你我生活中还有一些方面远没有受到数字化影响时（烹饪、运动、气象），任何受到电脑力量影响的事物都会推拉曲线。想想看养育我们的这个世界——在地图变成 GPS 之前，电报未被短信取代之前，以及大百科全书在谷歌问世之前。尝试坐下来列一个清单，看看哪些事情你是用手机完成的，而这些事情曾经要想去完成，需要你购买许多 CD 光盘，然后花费一整夜的时间去写支票。而未来的变化会越来越快，越来越巨大，如果我们拒绝承认这一切，那只是我们不这么想而已。

我们都倾向于认为，未来会一帆风顺。科技的发展将会带给生活更多的便利和乐趣，但绝不会威胁我们现在认为理所应当的常态。当然 ，对于劳动市场的挑战绝非根本上唯一的威胁。同样影响深远的，也同样受到科技力量驱使的，还有事物之间网络化的意义——在这个世界上，任何物体都将联系起来——而黑客也就可以取相同之道，侵入我们的车子和房屋，然后将它们占为己有，这些和他们过去用来窃取我们的信用卡信息的手法毫无两样。但是我们人类倾向于更愿意关注好的信息，而政治领导者的思想动员也是这样做的，无论是左派、右派还是中间派。有一种观点认为，他们的选民有可能会有诉求（appealing）。但民主的短期化特征决定了其本身于事无补——如果你的工作是在线两年或者四年，那么有什么理由会使你愿意让自己因为那些未来二十年的可怕故事而变得不受欢迎呢？当然，领袖的挑战在于从长远来框定这些问题，并让人们在思想上对变化有所准备。

在每个人的人生漫步中，我们都会遇到相同的趋势；即使是商业领袖——以及科技大师——也不能置身事外。令人倍感鼓舞的是伟大的商业领袖们——GE的杰克·韦尔奇（Jack Welch）就经常被视为最佳的例子——当需要对日常的股票价格波动问责，并且每个季度需要回应分析师和投资人的盈利要求时，是绝不可能预想未来的几十年而构建成伟大的公司的。而正是这种富有远见的领袖气质，是时下每个全球化领袖所必须具备的，特别是当我们正在爬越摩尔定律曲线上最为陡峭的那段。时间的流逝已经让全球领袖们对科学家们所预见的气候变化负责，而这恰恰突出了过程的困难。而他们未能解决抗生素的未来威胁这一同样重要的问题，则为我们提供了相同问题上的又一例证。

那么，为何如此之多的意见领袖会忽视智能机器对工作的潜在影响——而那些科技鼓吹者却是在告诉我们，提出这一问题是因为我们很愚蠢？科技鼓吹者们相信他们是对技术和未来愿景的真正捍卫者，他们是科技革命性的真正的“信徒”，而那些提出问题者则是未来之路的挡路人。他们说，我们应当不会存在任何问题去适应机器智能的影响，我们应当去发现新的工作，我们应当充实我们所从事的事业，而这些事业是机器难以发现的。他们也许是对的，但是透过他们狂热的过度自信，他们只是完全相信新常态的谬论。同样是这些人在扭曲曲线，想象着未来会比他们曾拥有的生活更加舒适，而这种想象超越了他们所据以相信的理由本身。

人们能够理解我们所谓的技术决定论的影响力——在这种思想下，技术发展自身会带动社会改变，并重塑未来社会，技术发展会解决其所引发的问题，因此我们应当静观其变。但是历史总被人类、技术和经济的相互作用所扰乱，在这些事例中，人类的洞见、勇气和计划改变了事物的发生——从对股票市场和银行倒闭的介入（从罗斯福新政到 2008 年全球应对雷曼兄弟破产的危机）到对技术的直接规制（石棉、DDT、汽车排放，全面的环境保护企业），以及对科学技术资助的公共 / 政策角色［最为人熟知的是苹果和其对手安卓的出现，并非硅谷的产物，而是由美国政府投资并主要通过美国国防高级研究计划局 DARPA（Defense Advanced Research Project Agency）实现的——后者本身还参与了互联网的发明］。我们不能无视这一点，更不能想当然地认为它会管好自己。

清晰地思考未来

因此，我们应当如何考虑未来？我们需要非常谨慎，即便我们并不确切地知道未来会怎样。让我们先看看那些貌似可信的未来，然后思考可能会是怎样的，并对所有可能的结果竭尽全力做好准备——对应它们各自的风险特点。

评估风险的一个简单方法是，将可能的结果划分为四类——归入同一矩阵下的四个盒子中：高影响和高可能性；高影响和低可能性；低影响和高可能性；低影响和低可能性。简言之，最初的两个盒子最为紧要。而第二个是最难办的。

事实上，这里存在两种论辩，它们在分析风险的目的上存在显著区别。一个涉及严重的结构性失业的可能性；另一个涉及从这种劳动市场突变中不能恢复的可能性，而且就长期而言，将会降低未来经济维持“充分就业”的能力，在那时，人工智能机器人实际上已经被大量使用了。严重的结构性失业是高可能性还是低可能性？无论是哪一种，一旦发生将会强烈地影响那些发达（以及潜在地影响发展中）社会。如果届时无法恢复“充分就业”的水平——正如盖兹、萨默斯和默里等人所预见的景象——那时的影响就会更加巨大。

当我们展望未来，我们很难想象政策制定者们可以回避思考关于未来就业的问题。

第三章　欢迎来到“铁锈地带”

二十一世纪最大的惊奇之一，就是政府与产业界的领导者们，甚至工会自身，都未能将大规模的劳动市场崩溃视为一种严峻的可能。同时，这不是他们演讲的主题，亦不会列入他们的计划之中。当我们观察政治候选人的讨论时，会发现他们只字未提这种崩溃带来的一系列复杂的政策挑战。尽管事实上比尔·盖茨和其他科技家已经开始打破沉寂，但是仍难以证明这种发声对主流思想已经产生了影响。然而，我们如果要回答今天的问题，就不能回避去回应明天的问题，那么我们又有多大程度上有信心去面对劳动市场上的巨大崩溃？正如我们所看到的，在具体分析完那些被我们称为职业的“高端”工作后，萨斯坎德们挑战了一种虽然简单但不计后果的假设，即认为总会有工作留给人们。

我们认为，不断增加的机器智能，将会逐渐取代越来越多的非规则工作，因此直觉上认为总会有剩下的只能人类从事的工作，将会被证明是毫无根据的。

——理查德·萨斯坎德和丹尼尔·萨斯坎德（2015）

一个接一个的工业变革正在经历着戏剧化的变革过程，然而所有的结局都是一样的——更为便捷、价廉（通常会是免费服务），以及更少的工作。但是，这一过程才刚刚开始。如果深信这种戏剧性的变革会发生在我们之后，那就过于天真了。我们正处于这种变革的起点，而对于正在发生的变革的中心，其影响却纯粹而深远，有朝一日，我们将把那些原本由人承担的工作交给机器。

在某一层面上，这种替代是科技的永恒传说。车轮、杠杆、滑轮，农业机械中的锛子和犁，使得我们人类可以做出那些数千年前没有这些机器时难以做到的事情；而与此同时，我们从事这样的工作时却只需要更少的人。这其中的关键点在于科技在不断进步——并且是以飞快的速度进步。在更为根本的层面上，我们正在不断地将劳动力因素从价值创造中移出，这一点在我们前面论述的一些例子中已经非常明显。我们曾经需要依靠富有技能和经验的接待员为我们预定机票，但现在我们几乎都是自己在智能手机上完成操作，而且我们自己所做的远比接待员所能做的更为复杂。我刚刚给自己预定了一张飞往西雅图的机票，去看望女儿。在预定过程中，我发现了不同航班的低价日期和时间，从中又挑选出了可能的行程，然后再决定是用里程数还是现金去支付，我在五段航线上分别选择了自己喜好的座位，最后输入了我的信用卡号码。这里的重点是，整个过程没有旁人参与。电脑已经设定好程序来帮助我从数据中做出筛选，其中涉及四家公司——包括Travelocity，美联航，Visa和花旗银行——由它们之间自行联系决算。它们之间的沟通是通过互联网，并进行了大量复杂的后台操作，而我只需要通过手机上的几个按键就能获得回应。这一切发生时，我一直躺在床上。

还有一点值得注意的是，新价值类型的出现，它们往往不需要或者很少需要人力的介入。种类繁多的数字商品，可以为大量的消费者带来价值，然后却根本不需要发生多少雇佣。其中最显著的就是社交传媒，通过服务性总括条款就能从脸书、推特和领英（LinkedIn）获得各种服务。这些都是新种类的商品，但经济学家却并不清楚如何计算它们的数量（Bresnahan & Gordon, 1996）。以上两个典型例子总结出的结论，就是我们找到了创造新价值的方法，但基本上不再包括劳动要素。已经破产的老式照相业巨头柯达，曾经雇佣的劳动者人数达到 145000 人。而今天照相业的头牌 Instagram，在多年前以 1 亿美元出售给脸书时只有 13 名员工。再举一个最令人瞠目结舌的例子，社交软件 WhatsApp 如今的估价已经到 19 亿美元，然而却只提供了 55 个工作岗位。是的，只有 55 个。

提出以上的新问题，是当我们创造出新的智能“物种”（species）时，它就会来和我们竞争工作，以及我们正在分包的工作——外包曾经被诺伯特·维纳（Norbert Wiener，1950）称“确切地说等于奴隶劳动”。当这一进程推进时，我们越来越多的工作将被这种“新型物种奴隶”以其种类无穷的形式所替代。我们无须断定人工智能对更多领域带来的影响，在这些领域中，相比较人类劳动，机器做得更好也更廉价。我们也无须假设未来人类将无工作可做，但是在人和机器之间，对于我们此刻所从事的很多工作，将长期存在竞争——这一点已经在我们的讨论中被考虑到。例如提高最低工资，特别是在快餐业，我们将在本章后部继续讨论。

我们无法回答的关键问题在于，是否有足够多的新工作被创造出来给人们，以替代那些被新物种所取代的部分。如果可以，我们又需要具备怎样的技能去胜任这些新工作？如果可能发生的变化步伐（足够快），那些正在被取代的工作（尽管不是全部，但大多数都集中在低技能端），以及可能需要的用以与机器共事或竞争的技术（可以考虑的话），从表象上看并不令人振奋。所有的一切都有赖于一系列的假设，那么当领导者们设想我们尚未面临的巨大问题的时候，他们能否真正担起此时此刻已然压在他们身上的重担？

失业状况

对于结构性失业，并没有一定之规。关于过去的颠覆性变革的实际影响，人们过早地忽略了。我们也无须回溯到第一次工业革命来寻找答案，我们身边的例子就已然不胜枚举。比如在英国，以煤矿社区遭受的破坏来看，1984 年臭名昭著的煤炭工人大罢工引发了戏剧性的重整，并最终导致该产业的终结。威尔士曾经有四分之一的人口依赖煤炭采掘为生。在美国，近年来发生的底特律市政府破产，也为我们提供了技术变化导致高昂成本的案例。再如在像印第安纳州嘉里（以曾经强大一时的美国钢铁业巨头的奠基人命名，但现在是全美闻名的杀人犯罪城市）这样的城市中，传统重工业的瓦解带来的是“铁锈地带”的蔓延——在美国中心部形成了非规则形状的、跨多州的“铁锈地带”，那里经济恢复相当缓慢，产业崩溃后的恢复需要不止一代人的努力。因此，重要的是要认真考虑实际的社会影响和成本，从理论的角度来看，这似乎是对技术和全球经济力量的例行调整。当然，也应该说，这些情况都是可控的，总体经济和就业状况都因此表现良好（Janoski et al. 2014）。

借古鉴今，在最近对英国工会大会的一次讲演中，安迪·霍尔丹（Andy Haldane）作为英格兰银行首席经济专家，他认为，关于第一次工业革命的影响，令人吃惊的一点是，英国的非技术劳动力在规模上的持续倍增——从1700年到1850年规模从20%增加到40%（Haldane,2015）。类似的情况也发生在稍晚一些时候的美国。新机械的效果之一就是使得大量的技术手工劳动者失业，而将工作重新配置到了工厂和生产线上。当新的管理类型和其他相关高级别工作出现后，经济增长带来了更广泛的社会福利，这一过程还伴随着技能阶梯的大规模下降，而不是上升。值得注意的一点却也极为简单：就我们曾经的经验而言，“结构性失业”的实际成本是很高的。

在十九世纪初期，历史上最具影响力的经济学家之一大卫·李嘉图（David Ricardo）也重提了这一点。在反映工业革命的影响时，他对那些认为工业革命蚕食了工人的工作和收入的观点表达了认同。但是，他并不同意放弃科技进步，因为这样只会将资本和生产送往国外（他也以比较优势理论的创始人而闻名于世）。他得出结论认为，“工人阶级提出的观点，认为使用机器会经常危害到他们的利益，这种认识虽然不是建立在偏见或错误之上，但是却与政治经济学中的修正原则一致”（Ricado，1821）。从历史背景上看，当然，我们可以将这一观点看作对导致“结构性失业”的瓦解过程的一种观察，经济整体（而不是那些被击垮的众多个体）最终还是从中受益了。

然而，即便是接受了这种对于过去、现在与未来在结构性失业经验上的基本类比，机器智能的革命性影响仍是独特的，因为它对众多行业带来的冲击和颠覆都是同时发生的——在起伏变化的过程中，终点并不清晰（即便终将有一个终点的话）。这一点已经在我们之前讨论过的最近进行的关于机器智能影响职业的评估中，为大家展现了令人惊讶的细节。以往的破坏性经验主要集中在两个方面，或是新设备的发明（例如哈夫里格斯经典的珍妮针织机），或是新的通用技术的引入（例如蒸汽动力），也或者是两者的结合利用。我们所了解的是，当初期的科技开始进入我们的生活，它会拍拍我们每个人的肩膀说，“我能帮到您吗”？然后无论我们正在做什么，它都能够或多或少地帮助到一些。机器智能可以被证明是经济学家称为“通用技术”的终极典范——它会对经济整体都产生影响。蒸汽动力，之后是电力，对一个个产业都带来变化，并将影响逐次传导至整个西方经济。然而这种影响仅仅是对深具潜力的机器智能的初步应用，其实它会威胁并摧毁人类千百年来在各个就业领域中的角色。

美国中西部钢铁厂区或者南威尔士矿业小镇所经历过的社会重创，也正是由于这些地区单一依赖某种集中性产业而出现的。当这一产业日落西山时，整个地区的经济也将随之坍塌。正因如此，底特律曾被描述为公司之城，而现在正在运营的公司一家也没有了。在导致前述地区经济瓦解的因素中，其地方性特征加剧了该地区人们的窘境，也使别的地区无法关注到该地区的情况。与此同时，这种地方性特征也便于政府做出补救干预，不过这些政府却急于对该地区的专业劳动力进行再培训，因为他们的价值（raison d' ê tre）已经发挥殆尽了。

在机器智能革命的情形下，我们所面对的崩溃可以从过往的经验中得以映射，但是我们所面临的威胁却远比以往任何时候更广泛。机器智能革命的影响不会受限于地理限制，也不会止步于某一产业。这是基于两点原因：部分因为工作岗位直接从人工转作机器作业会导致经济生活中各个领域的岗位消失——卡车司机下岗，收银员、私人银行家、法律研究员、大学老师、电话营销员、会计师下岗……另外一部分原因在于，很多情形下这些机器智能的新应用，其影响会极速传导并导致更多就业岗位的间接消失，而这种间接影响也不受地理局限，这与之前当钢铁城市或煤矿村镇破产后，导致当地商业也关门大吉的地域局限性是不同的。这一事实应当有助于政策制定者提高重视，因为他们了解过往产业消退后将政策实施的重点集中在某一地区的经验，也因为过去的政策应对过于强调对非技术或半技术体力劳动者的关注。即将到来的就业体系崩溃表明，将会出现更为困难的政策环境，因为机器智能的影响会切入每个劳动者的经济和社会生活舒适度，而无关乎他们自身在政治党派上的倾向。

自动驾驶汽车给我们提供了最明显的例证，因为它们的影响已经引发了最深刻的反思；同时我们注意到它们已经在商业上应用，即便是在非常有限的情景下。正如本书在第一章所描述的情形，再加上美国350万名卡车司机的工作岗位，还有500万名辅助人员的工作岗位，这些都已经事危累卵；而那些出租司机——无论是传统的还是优步司机——以及公交司机，概莫能外。随着汽车交易的缩减，汽车产量也会越来越低（回到“铁锈地带”，回到问题本身），汽车行业终将形销骨毁。如果将这一点加上，考虑到石油产业可能受到的损失，从提炼加工业到油气站，还有乙醇加工业、汽车保险业，并会导致其他交通模式的剧减，而且随着安全性提升的影响（由于将那些危险的司机从路上驾驶中排除），对急救医生和护理人员的需求也会减少。如果对进行中的科技革命提出大量要求，又将其对就业的影响置于“一切照旧”的论调中，就会自相矛盾。

至此，我们还未谈及我们的经济和社会生活中当这种显著的转变发生时将会出现的新工作。然而，我们已经有成百上千的高薪软件工程师和机器人工程师，受聘于汽车制造商和共享驾驶公司。而与此同时，社会对传统汽车工程师的需求，除了要求他们一如既往地具备高技能素质，数量已经在持续减少了，因为亨利福特 T 型车生产线已经成为企业的补充部分——事实上，已经被超越——而超越本身源自市场对新型汽车的需求，新型智能汽车更像是轮子上的智能手机。当共享驾驶公司优步和 Lyft 计划将使用的自有车辆由人工驾驶转向自动驾驶时，毫无疑问很多崭新的商业模式连同新的工作将会出现以迎合市场需要，这是我们目前仅仅能够猜想到的结果。但是在两种假设背后的景象——被自动驾驶替代了的人类司机（职业化的熟练驾驶者），以及从私有汽车转向更高水平的即时用车服务的相关转变——则会对所需劳动的种类和数量两方面产生深刻的影响。

机器智能在经济中的应用，带给传统的人类功能——驾驶——的影响后果将是无穷尽的，原因很简单，我们的传统技术已经有力地塑造了我们的行为方式，并据此建构了经济活动来使这一切成为可能。一旦转换了这一核心假设——人类必须自己驾驶汽车——一切将瞬间流变。

也因此，与其将人工智能或机器人革命视为“又一次”类似第一次工业革命的变革，不如将这次的变化影响视为正在以全新的方式进行，这会对我们更有帮助。正如查尔斯·默里（Charles Murray）所说的，“这次截然不同”的情况正在发生。显然，我们是在同一层面上探讨新一代算法和智能设备的发展。但是论及它们对产业经济的影响，我们可能需要找到更有效的方法。我们不应该议论某一个能够替代我们工作的新技术“物种”吗？我们无须抱怨机器智能对于我们人类劳动者所从事的工作无所不能——虽然也确实如此；我们当然也无须抱怨当分配任务给它们时，人类将会完全无法跟上那些新物种的速度，即便这些行为将会如何关联到我们的传统经济尚且不可知。

意识到机器智能产生的变化的速度是重要的，同时对于政策制定者而言，还需要预见潜在的愿景。当然，我们可以期待新工作的出现——当人类的创造性与社会需要、经济机会达到交汇点时，其往往就会出现。但是这一切的发生都需要时间，而与此同时，相应地，我们也会期待不断发展的、具有竞争力的新型机器职能的应用。哪些教育需求——对于孩子们和学生，也对于我们自己——将是必需的呢？这些才是急迫的问题，特别是从新工作和潜在的更多的“休闲”两个方面而言。我们没有理由指望新技术能停下——进入停滞期——能让人们的技术跟得上新职业而得到发展，出现足够多的经济机会能够吸收大量的被机器替代工作的工人。如果我们要和机器“赛跑”，那么它们总是跑得更快——关于这一点，凯恩斯（Keynes，1931）就将其作为关键问题提出来：

> 当我们发现了能节约使用劳动力的方法时，（淘汰劳动力的进度）总是会快于我们能找到对这些劳动力的新用途。

机器智能会应用于更广泛深入的领域，这已经是显而易见，如此深入地应用使得这个人类最具影响的发明，必然会成为事实上的“物种”。拥有“人工通用型智能”的类人机器人，实质是非类人的。这一点正如我们正在整合的这些机器智能应用，而这些机器智能应用通过一个个任务的完成，都具有某一部分的正不断演进的人类能力；因此可能用下面的词语最能理解所发生的一切：当机器创造取代人类——资本便会将生产中的劳动力因素进行替换。机器将成为“奴隶物种”。

我记得这一点早在20年前就被电脑科学家兼作家马歇尔·布莱恩（Marshall Brain）有力地指出过，此人后来成为最早的成功商业网站Howstuffworks的创始人之一。他在一次由库兹维尔（Kurzweil）联合奇点研究所（Singularity Institute）主办的会议演讲中曾提及，并强调过当人工智能的适用扩散到整个劳动力时，我们应当抑制其发展。当时他在屏幕上先列出了美国劳工部的工作分类表，并划掉了那些将会被影响的工作种类；最后他估算将会有50%的工作被替代，这一预期与后来牛津大学经济学家弗雷和奥斯本经过详细研究得出的结果十分相近。当时的听众包括了大量的技术狂热分子，因此他的警告言论并没有得到多少重视。所以他后来被黑客攻击并不意外，尤其是其中一条讽刺评论使我印象最深：

你意识到了吗，布莱恩（Brain）教授，有一个学术领域叫作历史?

换句话说，因为过去的破坏性创新带来的是更多更好的工作，因此未来也会一样，因此提出上面的问题就是愚蠢的。这一评论又将我们带回那个关键问题：

这次真的不同吗?

新的就业?

在关于机器智能影响就业的“标准”答案中，可能人工智能导师雷·库兹维尔（Ray Kurzweil）的概括是最好的。他的立场是在两大不同立场上站在了极端乐观主义的一边——变化的速度，以及快速的变化对于我们人类而言将是好消息。正如与库兹维尔相关的奇点大学（Singularity University）在其网页上写道的：

对于人们日益关心的，当常规工作由机器人代替，库兹维尔（Kurzweil）会这样认为：“我们正在摧毁技术阶梯的底端。我们同时也在技术阶梯的上部增加了新的工作。技术阶梯在向上移动。为了能跟得上上升的技术阶梯，我们需要使人们更有技艺。”

库兹维尔引用了类似的观点，用以解释工业革命初期纺织业引进的机器的情况，他说：

你可能会指出的每一项工作，看上去其消失也仅仅是时间问题，因为这些工作终将因为自动化而减少。这些工作也确实会被自动化取代而消失。总而言之，就业提升了……新的行业出现了，用以制造机器或为它们提供服务。（Hill，2015）

这篇论文最后提出了令人难以释怀的疑问，“什么才是人类唯独适合去做的呢”？

大律师嘉里·马西森（Garry Mathiason）也说了类似的话——他所在的律师行专门从事机器人雇佣事务。他强调这基本上是一个经济问题，并解释如果通过提高最低工资而提升劳动力成本，只会促使机器人的使用变得更具吸引力（例如纽约快餐业网点）。比尔·盖茨也得出同样的质疑：政府应当鼓励雇主雇人而不是使用机器，但给最低工资施加更大的压力则只会带来反作用。

而马西森预见到提高最低工资后产生影响的方向，他认为：

提高最低工资导致的结果是使得使用机器人更加经济实惠而更具魅力，因而会吸收掉部分工作。在我看来，这样反而会加速机器替代人工的到来。在未来的五年，我们有朝一日会突然发现机器人已经成为我们生活乃至正常经济活动中的一部分。（Giang，2015）

然而，他对这一点并不担心：

就业替代会到来，同时人们也会被重新配置到其他工作中去，而这些工作是我们今天所没有的，它们出现在未来。如果你回顾历史，你会发现这种破坏似曾相识。只不过没有我们现在所经历的变化那么快，但这确已发生。

同时，他也给出了经典的例子，那就是美国农业。在十九世纪七十年代，农业雇佣人口达到全美人口的70%—80%。今天，农业雇佣人口数已经小于1%。科技鼓吹者重申，在工业革命的早期阶段，从第一次工业革命开始，当新机器取代人们的工作时，都带来了新工作的创生——或者是在新的机器上工作，或者是进入了工业革命所带来的新经济中。上一代数字革命背景下的简单例子，是新的工作会自然出现在科技公司的延展中，以及那些搜索引擎引发的岗位，这类工作曾经没有人能够预见，例如通过Ebay销售，为优步开车，以及通过爱比邻租房，还有写博客（令人惊讶的是，很多人通过写博客赚取了不菲的收入）。

马西森一定预见到了巨大的变化，并且他从代表自己律师事务所的角度来展望未来：

工资和工时要求在哪里会对机器人有用……它们要接

受最低工资和加班补偿吗？（Giang，2015）

新工作机会的出现值得期待，这一点被福布斯杂志作家斯蒂文·丹宁（Steve Denning）作出了很好的诠释。在批评马丁·福特（Martin Ford）最近的一本新书《机器人崛起》（*Rise of Robots*）时，他表示：

当机器取代人类的能力时，就像它们几千年来所做的那样”，这并不是“其他任何东西都不会改变”。“实际上，正如《至期繁荣》（*The Coming Prosperity*）一书的作者菲利普·奥尔斯沃德（Philips Auersward，2012）指出的，当机器取代一种人类能力时，如同它们在变化中所取代的那些职业，如猎人或采集者、仆役、自耕农、文职人员、知识工人，以及接下来我们所未知的职业，崭新的人类经验和能力也会随之出现。（Denning，2015）

他继续表示：

通常这些崭新的人类经验和能力，是在前一个时代无法想象的。新的经验和能力往往更具价值，同时也为人类提供了更为有趣的工作，这些获益远远超过了那些被机器所取代的经验和能力。这一点在农业、工业、大众化生产等行业中已经被证明是事实。那么这一次为什么就该不同？

斯蒂文·丹宁的最后一句话恰恰将我们带回到争论的中心。这次是不同的吗？还是与以往一样？或者更确切地说，我们是否可以确定这次并没有不同？返回到这个风险框架问题上，一个鲁莽的政策制定者可能会问：如果要赌一把二十一世纪的劳动力市场可能遭受的巨大破坏，那我们确实需要十分肯定这一次不会是“不同的时刻”。而且，如果它与以往“相同”——如果我们所面对的本质上是以往所经历的那些社会瓦解的翻版——那么政策制定者会追问“对于人工智能和机器人，这里的相同意味着什么”。因为“相同”也许会证明实际上非常“不同”，而机器智能所波及的影响可能会深入劳动力市场的每个因素。

还有一件事情看起来似乎有些普通，那就是当机器替代当今由人类所提供的工作时，我们似乎不需要理解机器的智能化程度。丹宁自己也提出，之前在工业革命中出现的“新的经验和能力”是事先“不可想象的”。那么，这一论断也是一把双刃剑。一方面，我们不能想象一些即将出现的新工作，这确实是真的；而另一方面，我们也无法想象在一种社会秩序下，更多的人并不以工作为生。无论是哪一种意见，都值得予以重视。早在2004年，弗兰克·列维（Frank Levy）和理查德·默南（Richard Murnane）也曾信誓旦旦地说，驾驶一辆汽车是如此复杂，期待机器人在可期的未来能够驾驶是不现实的（他们特别指出，在右侧驾驶的国家，左侧转向是极具挑战性的）。然而正如我们大家所知道的，这一点很快就被Google证明是错误的。

有一点值得强调的是，在我们已经通过大量概括和很多尚未概括的广泛说明中，我们不需要“人工通用智能”的到来——一个具有和我们一样聪明大脑的机器人并且身怀各项技能——在很多情况下许多原本需要我们人类的智慧才能完成的任务，会被一个个的机器代替。如同杰里·卡普兰（Jerry Kaplan）所说的，潜水艇并不游泳；而ATM自动取款机发放货币（或者有时候接收我们的存款）也不会微笑着问我们今天过得怎样。直接而言，打赌任何一种人类功能是“安全”的可能并不明智——认为对于我们这一物种来说从事的工作是安全的，且不被对方的机器威胁。因此，当看到杰夫·科尔文（Geoff Colvin）生动且富有洞察性地写作《被低估的人类》（*Humans are Underrated*）时，同为作家的弗兰克·迪伦（Frank Dillon，2015）这样说道：

> 这种模式显而易见。曾几何时，聪明的人们已经越发注意到，那些压倒性的由人类承担的复杂任务，曾被认为是电脑不能掌握的，但其实这只是时间问题。

一厢情愿的设想？

预测大规模结构性失业的大崩溃不会出现——除非两

个前提假设中一个（或者两个）可获成立，否则这种预测都是不可信的。

第一，未来机器智能对现有就业的影响会显著小于很多人所预测的那样。这一点可能源自多种原因：或者预测仅仅是错的，牛津大学和皮尤研究中心的研究只需要单纯地大打折扣；也或者是我们人类能证明我们比预期的更加抵制这种机器替代。或许是我们决定抵制无人驾驶汽车；或者要求提供人工服务——在超市、银行、快餐店，甚至是整个经济系统——同时我们也准备好了为这些人工服务支付额外的费用；也许我们对机器照顾老年人深感怀疑；也许我们会在服务和制造品中规定一种额外费用而作为交易中的“人工费”，这在面对市场上更为廉价的机器替代品（服务）的同时，可以保持人类劳动的活力。

或者我们换一种思路，我们会看到类似于二十世纪九十年代欧洲曾出现过的著名的对转基因食品的抵制。在对生物科技巨头孟山都发起的意想不到的抵制运动中，欧洲消费者拒绝食用这类产品，甚至实际上妖魔化这类产品，并导致二十年后出现的各类问题，例如转基因生物标签化，以及播种转基因生物谷物的合法性始终是欧洲乃至更广的地区极具争议的问题。

我们也许可以将这种情况称为“软式勒德”（Soft-Luddite）回应（毫无疑问一些科技鼓吹者会这样做标签），尽管其中可能包含很多自相矛盾的理由。我们可能希望老人们能有真正的人为他们提供安慰和关照；我们可能事实上喜欢真正的人在商店、银行或餐馆里为我们服务；我们可能会真心愿意支付额外的费用，如果这样可以留住一些人从事工作。如果我们对那些经济学家所轻视的事物赋予更多的价值，这样其实非常有可能降低某一新技术的经济作用，或者看起来如此。一些消费者愿为有机食物支付更多，而消费者的偏好可以延伸至对人的或者手工的选择，而不选择机器。这种运动的影响可能会对这次的技术革命带来显著限制。

第二，消除我们关于机器智能对就业影响的焦虑的假设可能比第一种更为现实（也与那些科技鼓吹者在谈及这一问题时做出的论调一致），但是这实际上需要具备三个因素才能使其成立。

一是新工作的快速到来。没有人怀疑会出现新的职业，同时新工作在数量上也会相当可观。问题在于这些新的工作机会的到来，是很快出现，还是会很慢，甚至来得过迟。后一种可能性并不需要我们特别反乌托邦的思考。原因很简单，从煤炭开采或钢铁制造转向搜索引擎优化或 eBay 销售，或任何被视为“新经济”典型工作的领域，都需要时间。新工作岗位发展的步伐需要完全吻合旧工作岗位解体变化的步伐，才能避免出现严重的“结构性失业”问题。如果这一过程反映为从传统重工业转型的时长，则前景并不乐观。

二是这里包含的假设是，新工作的到来在多样性和数量上都是巨大的。直白地说，如果我们受到机器智能冲击的岗位的数量——就像牛津大学的研究报告说的那样——是 47%，那么广泛的就业机会就是必需的。如果实际上只有 9%——按照 OECD 的预测那样的话——则这一挑战的规模会大为缩小。假设 350 万名卡车司机需要被重新安排工作，那就需要 350 万个工作空缺去吸纳他们。或者与此相当，就业需求会遍布整个经济系统。从我们对当前经济创造新就业岗位的实践来看，要实现上述假设需要相当乐观的想象。当所有的发达经济体都面临这些挑战时，在美国中产阶级死气沉沉、日落西山的情况下，在英国自 2008 年以来总收入下降 10% 的情况下，这无疑增加了当前面对的全新的潜在的社会就业系统解体的不确定背景。

三是为了迎合前面所分析的机器智能带来的全新的多样化的工作机会，将工人们转变为未来工作的后备者，我们所需的教育和培训项目必须高效、及时。这一点可能是所有要满足的要素中最大的不确定点。即便我们明确知道未来对教育和技术的需求，这对于公共教育发生的根本性影响（例如在美国，尽管这种情况在其他主要发达国家都很类似）也是富有争议的，而且是一个极其缓慢的过程。我们的领导人必须对此拟出一个全新的、快速行进的时间表。我们所讨论的就业崩溃景象所导致的教育和技术训练上可能的影响，已经走上前台，成为社会急迫的需求和挑战，需要政策制定者们未雨绸缪，产业经济从未有过这样的经历。我对于维纳（Wiener）的观点感到忧心忡忡，未来会使得1930年的经济大萧条“看起来就是一个有趣的玩笑”。

我们不知道接下来会发生什么，但是我们确实知道的是，这个星球上最聪明的大脑们已经花费了几十年，力图发明机器去完成在过去只有人才能做的事情。他们的目标曾经一度是宽泛的学术性的，但是当技术实现进步后，这一目标越来越具有经济意义。在某种程度上而言，机器智能领域所取得的成就恰如当年互联网的故事——原本只是一个学术课题，由国家资助，但最终成长为经济活动中的能手和那些成功地运行其商业力量的大公司与私人财产中的资源。许多人工智能方面的世界级专家，现在都在为诸如谷歌、丰田这样的世界最大的网络、汽车公司工作，他们正在与麻省理工学院和斯坦福大学建立花费数十亿美元的机器人研发中心。经济驱动在当前是主导因素。

关于机器智能的研究还在继续，从一个产业到另一个产业，为了寻找到更廉价同时更为有效率的传送价值的方法——这些方法并不包括普通劳动者。智能机器可以一周七天每天二十四小时工作，它们不加入工会。事实上，它们也都在竭力避免对人力资源部门的需求。当新自动化革命的影响贯穿整个产业时（比如，亚马逊劳务众包平台 Amazon Mechanical Turk，其中包含了各种类别的小时工、女性为主的非工会化劳动者，发展出了对廉价的低技能劳动者的持续需求），其需要引起注意；非技能领域诸如劳动使用率较低的农业，已经从部分最具想象力的机器智能使用中受益，全程使用高度计算机化的约翰·迪尔（John Deere）拖拉机来完成复杂的机器人化谷物播种，这在不久前还被认为是不可能的，然而现在已经在商业使用了。

我们如何处理收入和财富分配的问题，从经济学的角度来看，也将决定人们在劳动因素从价值创造中消失后，将会获得怎样的公平感。

面向就业瓦解的共识

然而事情终将会得到解决，只是在我们的视野中留下的是就业系统瓦解的景象。围绕这一点，有必要形成新的共识，同时也需要出现更为现实的“公众意见”。从某种角度来看，这只是对技术支持者已经说过的话的更严肃的重述，尽管他们有些轻率。他们只是对巨大的变化动动嘴皮，然后继续说谎，但是拒绝承认正在形成的技术革命的宏大规模。他们知晓——至少也是隐隐地——我们所面临的是一系列全新的结构性失业浪潮；这也是所有过去主要的科技巨变带给我们的。但是这一波失业将深入到何种程度？又会持续多久？是否可以与重工业衰落带来的就业危机相比较，又或者其景象甚至是我们在现代社会的经济生活中从未见过的？

我们可以回应的就是，为各种可怕的可能性后果做好应对计划。当领导有方时，那些大公司就会这么做，政府也将这么做。在另一个尺度上，如果通常我们凭直觉工作，那当我们为未来制订计划时，这也是我们个人应该做的。如果我们不能确定事情会发展成怎样，我们就对各种不测做出准备——然后确保我们不会被突如其来的结果弄得措手不及。我们中没有人期待我们的家园有一天会付之一炬，但是我们需要购买保险。

事实已经再清晰不过，那些覆盖我们整个劳动力市场，而由机器智能的扩散导致的错置和混乱将可以预见。这一点需要我们进行议论，而这能够给我们形成一个构建共识的基础吗？

第四章　构建共识　未雨绸缪

我们需要的是一种政策共识，即接受一系列不同的预测——从即将到来的无工作世界，到维持“充分就业”模式所需的大量新就业岗位的前景。这就需要聚焦未来可能发生的波折并有所准备，同时也需要接受一种可能，那就是消失的工作可能会大于新出现的工作，并会在长时期内带来巨大的文化冲击和影响。无论人们预计的可能消失的工作是 9% 抑或是 47% ，对于政策制定者而言都需要万分谨慎地进行准备。如果之前工业革命那样的就业瓦解不断地重复发生，那么严峻的结构性失业和“铁锈地带”的出现将会在前面等着我们。但是，我们又要如何准备呢？

对于那些为每日的面包而辛劳的人，休闲是他们长期渴望的甜点——直到他们得到了它。

——约翰·梅纳德·凯恩斯（1931）

正如本书此前建议的那样，既然我们不知道将要发生什么，那么我们就需要向自己提两个基本问题。第一，基于常规假设，我们认为新的工作会出现，并替代那些被机器夺走的工作，那么在此过程中我们预期劳动市场上会发生何种风暴呢？第二，认为严重的工作损失不能被新工作所替代的想法，仅仅是无稽之谈？还是可能恰恰是严峻的现实？

请注意，这两个问题都没有假设大卫·亚瑟（David Author，2015）所说的大规模失业的“反乌托邦（dystopia）”[①]观点。第一个问题假设随着人工智能高级应用的推出，劳动力市场将受到重大影响。这种观点较为被大众所接受，即便是OECD仅提出的9%低数值（查尔斯·默里提出），也会带来巨大影响，因此“铁锈地带”的景象可以预见会发生在若干经济部门，在那里，我们所谓的“非人力资源”将开始被运用。

第二个问题假设是在危机中讨论“异化”（dystopic）

① 编者注：反乌托邦（Dystopia）又被译作“反靠乌托邦”“敌托邦”或“废托邦”，是指与乌托邦相对的，充满丑恶与不幸之地。

的劳动市场景象。至少在中短期内，无法阻止一场大崩盘的可能性有多大？这种凯恩斯主义的假设在如今有着不断增长的受众，为人们敲响了警钟。它所建议的是，在即将到来的由技术创新带来的下一轮劳动系统瓦解，会包含着不断深刻的生产力要素重塑，从而排除人类劳动——先是从一些方面，然后是许多方面，直到大多数方面。但是这种疑问并未聚焦在我们所提出的问题上，回答究竟会发生什么（对此存在众多见解），而是只提出了可能发生这一危机。

既然未来在各个维度上都是不确定的，那么组织的战略部门就应该制订“战略计划”并探究危机以努力管控其不确定性。例如 X 会在多大程度上发生？以及如果 X 发生了，将会带来何种影响？首要任务是量化风险（多大程度）继而推理其潜在影响（影响多大）。其次是制定战略，最大限度降低 X 发生的可能性，如果无论我们如何努力，它必将发生的话，最后还需要考虑如何有效限制 X 带来的影响。这一事例适用于所有可产生显著影响的风险，漠视风险而不作考虑的后果是不可想象的。

当然，在组织框架下，风险评估和风险管理较为复杂，因为在应对X出现的可能性的同时，需要考虑如何减少在其他方面造成的损害，我们并不希望为了治愈“疾病”而导致更糟的结果。这也是那些对努力制订计划应对X可能性持批判态度者的部分动机。他们辩解称对创新带来的潜在影响提出质疑，会使得创新的革命性大打折扣并降低其成功率。这种处理指数级驱动的技术变化的观点，看上去就过于天真了。

正如麻省理工学院经济学院大卫·亚瑟（David Autor, 2015）曾指出的，反对他所谓的“最近关于人机替代的悲观预言”的批评者，他们通常无法解决他们论点的含义，即如果事情真变成那样，“那么我们的主要经济问题将是分配问题，而不是稀缺性”。此处值得注意的是，这一观点直接从经济领域跨越到了政策领域。如果除却最让人乐观的情景，这种讨论的正面意义在于，它明确指出经济中的分配问题将不可避免，资本将在其中扮演更重要的角色，而劳动力则会越发式微。

小心地回应前述提出的两个基本问题，会引导我们进入具有共识基础上的谨慎规划，无论是从个体、组织层面，还是在各国政府层面。每个人都知道我们的前路充满了崩塌瓦解，但我们也只能谨慎对待，未雨绸缪。然而这一发展的时间线最难以预测，也许这种干扰已然到来。牛津大学的研究对这一进程的预见也许太过暧昧，但也说到可能是在未来“十年或二十年”。

那我们该如何准备呢？

公共动员

最近我被一位政府顾问问道，我们该做些什么呢？我的第一回应是，我们的领导人必须为我们厘清问题所在。在这个星球上的任何地方，迄今为止我们还尚未从一位国际社会的主要政治领导人那里，听到有关未来劳动危机的讲话。而最近也只是在偶然的场合下，有人提到过工人们应当从“新经济”的科技发展中获得公平的利益分享（美国前总统奥巴马在其最后的白宫离任演讲中，曾经围绕这一点提出了若干倡议）。但是，这样会带来对问题的误解。

公司可以通过科技发展更多地榨取工人，纵然这一点无可厚非；但这本身就是一个渐进的过程。问题的焦点不在于工人是否从机器带来的生产力升级中分享到收益，而在于工人是否还能是工人。

因此，政府领导人的首要责任在于明确这些问题，并根据问题的严重性和紧迫性进行分级。然而，领导人可能面临的难题在于，这些问题的排列可能与他们已有的政策时间表不相匹配——任何人的政策，至少是主流领导人的时间表。特别是在转型过程中，领导人明确而且是正确地明确问题就尤为必要。接下来的是在何种情形下，我们可以期待从二十世纪继承而来的产业经济会发生根本性转变，在未来的经济中其结构可能出现向十八世纪或十九世纪时期的倒退。这种结构变化将是全方位的变化，因为“充分就业”已经随时代而去了。正如我们现在已经习以为常的，人们变换工作越来越频繁，在这种背景下，在一家公司终身就职的情形已经过时；那么未来任何人想要全职工作，也可能会成为历史。我们将走向全球性的“铁锈地带”，工人们的各项技能无法找到足够多的可获得报酬的工作机会（工作的消失）。因为如前所述，我们发现与我们自身竞争的是其他物种，是机器类物种，它们使用廉价，而且能够不断进化得更聪明。

因此，我们需要领导人能建构讨论的框架，并在各自选区做好准备，警醒选民，同时也教育选民。因为即将到来的情形既可以被认为是一种危机，也可能表现为一种无与伦比的机遇。

但问题的部分原因在于如何将巨大的挑战置于可识别的日程中。劳工领袖们之所以不愿参与讨论——人们可能认为他们显然是工会的旗手——原因之一在于他们在反对创新和抵制技术方面的犹豫不决。不仅仅是因为他们惧怕被贴标签指为勒德分子，而且还在于过去转型所留下的经验表明，转型的过程虽然充满痛苦，但最终却带来了经济的繁荣，并增加了就业机会。他们认为不大肆加入将新技术所描绘的令人恐惧并强迫人们抵制新技术的议论，事实上反而可能是有益的。

选择这条路，或者是另一条路，我们有必要使公众了解我们正在讨论的这一问题，作为对未来作出成熟的个人和政治决策的背景准备。

政府的准备

我的第二个建议是关于政府顾问的政策制定。我们需要的是对每项政策的重新反思，以做好应对劳动市场面临巨大干扰的准备——在此条件下，按照传统规则，我们面临不断上升的结构性失业。也许我们正看到在过去四十年间少了近乎一半的工作小时，也许还要再少一些，但是那些被替代的工人们去向了何方？南威尔士、底特律、嘉里（Gary）已经略显初态，尽管事实上已经产生了新的工作，但过程是遍布混乱和延滞的，而且也有可能不能产生足够多的机会，特别是对于那些与其原有的技术已经不再相关的劳动者个体。

因此，在美国、英国以及其他任何一个属于 OECD 的成员国，如果失业率没有到 5%（近乎“充分就业”），或者没达到 10%（接近危机的水平，会对政府造成威胁，但实际上接近欧盟现在的失业率水平，甚至有些南欧成员国的失业率已经超过了该水平），其政策制度上会是如何呢？但是如果失业率超过 30% 呢？民主国家究竟应当采用何种政策应对这种高水平但却会长久持续的失业问题呢？上述的失业水平，具有我们已经讨论过的地区性、严重结构性失业例子的特征，同时在这种严重事态缓慢消退前，会持续很多年。

为了便于讨论，让我们假定一些政策目标是既定的。首先，人们有工作可做是一种社会利益，无论工作是全职还是兼职的，也不在乎这种事业是雇佣还是通常的志愿付出。其次，需要为所有公民的生计提供合理的保障。它既可以被看作一种社会的善，也可以被看作一种必然的恶；不同的国家采取了非常不同的方法，大西洋两岸存在着巨大的分歧。但是——随着失业率上升，这一点变得尤为重要——还有一个简单的经济问题也岌岌可危，那就是劳动需求的重要性。

在价值生成过程中，劳动因素的重要性也在逐渐下降，而资本和科技的权重上升，新的意义会附加在“充分就业”这一术语和“失业”比例的政策重要性上。那些源自二十世纪产业社会的思想遗产将会褪去，连同那些诸如区分全职与兼职的附随理论。在这里，如同这一进程中的其他部分，会在美国而不是欧洲社会更为明显，因为在美国，健康和其他福利更加依附于全职工作。但这也正是所有工业化经济体之间的最大区别，最典型的莫过于将各种政策或福利的基础建立在假定的一定数量的工作时间之上（比如退休后的收入和产假）。这些假设前提需要在工作日益减少的背景下重新加以审视，同时也可能会存在必要的政策，鼓励人们分享工作（出于社会原因）而不是将工作尽可能维持在全职工作的框架里（现行的机制预设）。

简单来说，对于雇佣和自雇的区别也同样是如此。它们在被称为“零工经济”（gig economy）出现的背景下被大众进行议论，特别是在美国。这种转变可能被夸大了，因为自雇被视为劳动力的附属层级早就存在，只不过优步的出现，以及它对事实上是雇员的承包人的使用，又在政策上和美国法院中被给予了新的话题性。

类似的还有志愿工作和失业之间的区分。志愿付出——同时被政府视为社会价值的劳动，作为提供社会服务的手段之一，经常获得直接或间接的资助——但却很大程度上游离于政策层面之外。同样，雇佣和退休之间的区分，雇佣与教育之间的界分亦然。所有这些区分都是基于二十世纪工业社会下传统的“充分就业”的假设。

与此同时，由于工作正在被从人类经济中滤出，政府更应该竭尽全力去说服雇主让人们保留在其岗位上。像比尔·盖茨这样的评论者已经提醒公众，推高最低工资只能加速在快餐和其他低薪岗位上使用机器，那样的话，在人类工作和可更廉价雇佣的奴隶机器之间的简单竞争，将成为主要的政治问题。政府可以决定削减雇主保留人类雇员的成本——通过税收或福利责任——以此维持工作。政府也可以开始对雇佣智能机器取代人类劳动者征税——既可以平衡职场调整，又可以替代人类工作被取代后的收入损失。这些举措可能被技术支持者视为勒德分子发起的攻击新技术的运动。但政府一直在努力提高管理就业水平和税收，一旦这些变化开始产生影响，就没有理由指望他们改变自己的行为。他们必须对这些事情开始长远思考的原因之一在于，确切地说，只有如此，才能使他们能够适当地调整来适应正在演变的新情况。最近，苹果（Apple）、亚马逊（Amazon）和谷歌等“新经济”公司在税收方面面临的全球性挑战，说明了同样问题的另一个方面（Kennedy，2016）。

上述考量正对眼下的一些争议，包括干扰性的科技应用，如优步出租服务，投以崭新的思考。一些城市，比如巴黎，正努力尝试增进传统出租车的竞争能力，而要求延迟优步的应召次数，这些看起来都是喜闻乐见的尝试，以便阻止其发展进程。但是，这些情况也预示着可以通过广泛推行的政府努力，以管控机器替代工人的转换过程。一个已经讨论多年的核心政策建议，同时也正开始以全民基本收入（Universal Basic Income, UBI）的方式获得新生。由于人力劳动与资本一同产生价值的需求减少，雇佣所得与个人生存之间的关联也深受威胁。

全民收入？

有一项核心政策建议已经被议论了很多年，并开始在最近重新得到重视，那就是全民基本收入（UBI）。随着人类劳动与资本共同为创造价值而相互作用的需求减少，从就业中所获得的收入与维持个人生存之间的纽带将会面临威胁。在发达国家，对于“社会工资”水平（政府为服务提供的国民收入数额），与对贫困者、低就业者、失业者所提供的资助水平（在一些国家该水平可能在合理工作中的全职岗位上差别不大，但在有些国家可能差距较大）上，获得的重视不同。但是在以下问题上并无异议，那就是失业水平上升时，不仅会促使社会问题爆发（实际上是政治问题），也会导致需求的剧降，从而进一步对经济发展产生压力。为了回应上述关注，一种极端的简化福利思想在今天被重新提出来；有趣的是，该思想获得了政治、经济两界在不同角度上的广泛关注。在这一意义上，全民基本收入理论由于从根本上是对国家收入的再分配，因此可能被看作我们正在面临的富有挑战意义的“社会主义”解决方案，并值得成为自己的政治品牌。其支持者主要是保守经济学家米尔顿·弗里德曼（Milton Friedman）（Orfalea, 2015）。

我们应当用一项综合性现金收入补充来替代具体的混杂的福利项目——这实际上是负所得税。它事实上将向所有人提供最低金额的保障，而不论其需要什么理由……负所得税提供综合改革，它能够更有效并且更人性，以改革我们现在福利制度的无效和非人道。

促使人们重新考虑这一想法的原因，部分来自不这么做，未来可能发生什么。如果我们将现行的政策执行到一个失业人数持续上升的局面，正如我们先前在第一阶段进行的预期讨论，那么我们将会面对不断增长的不平等和巨大的社会崩塌，并随着“铁锈地带”扩散开来。基本收入政策的支持者已经开始在他们的讨论中加入了新内容，最近的就是查尔斯·默里（Charles Murray，2016）在华尔街报上发表的内容。相较于保守主义者们的建议，默里的建议尤为激进，他希望基本收入取代所有的社会福利（包括社会保障，美国退休计划）。其中有趣的是，他将基本收入与劳动市场问题联系起来——这将是“解决美国就业市场剧变的最好办法”。在研究过牛津大学和OECD报告后，他得出结论：

即便是乐观的图景也预示着严重的问题。无论如何，在未来的几十年间，事实上美国都可能出现有的人终身不会介入传统界定的工作中来。而对于无法预知的世界，基本收入政策将成为这一社会转变中的关键部分。

围绕基本收入政策的争论还会继续，但是如果劳动力市场很快会经受我们所说的风暴，除了现在的失业和低就业政策外（包括再培训），其实几乎看不到其他可接受的政策解决方案。基本收入政策不是唯一的可行方案，但是随着情况愈加剧烈，它正在变得越来越具有吸引力。

同时，一些欧洲国家已经开始试行不同版本的基本收入政策。政策的实施一般而言更像是一场更广泛意义上的社会福利改革，而不是对本书所讨论主题的应急性努力。但是持续来自政治图谱中不同方面的利益，会使得基本收入政策的概念具有生命力，而不仅仅是一时的萌芽期的福利预算。瑞典最近进行投票但是未获通过，而丹麦和芬兰是正在进行尝试的国家。明确地说，由于更高的“社会工资”和通常在长期失业问题上更慷慨的政策，欧洲国家可能认为自己与美国和发达的亚洲经济体相比，在可预见的结构性崩坏到来时，更加具有竞争性优势。

劳动力准备

对政府的第三组影响显然存在于教育和培训领域。如果我们希望出现新的就业机会，而这些新工作机会能在与新的不断进化的智能机器的竞争中存活下来，那么我们必须尤其重视制定出最佳的可行策略，以教育和再教育广大劳动力。

目前较为正统的意见集中在 STEM（Science, Technology, Engineering, Math；也即科学、技术、工程、数学）教育上，用以作为今后应对经济中的新科技技术市场的方式，而在未来，新科技技术市场中技术的重要性正与日俱增。一旦其具有了价值，我们也注意到它并不会脱离核心问题：正如机器智能对工作市场的潜在的影响折射得越发清晰，许多与STEM相关的工作可能会很快地流向机器一方，而（这时）“与众不同的”人类特质则很难在这些技术上得到延展。这里不是说，这些与学生们当前做的准备工作毫无相关，也不是说我们所有人不需要在学校训练好技能来让我们理解并接触机器智能。但是，很明显，STEM技能并非灵丹妙药。我们所知道的是，人类独特的能力将被证明更难被机器替代，因为其所赖以存在的基础包括直觉、推理能力和创造性。

同样，这里还存在适应性这一紧要问题。说我们需要对未来的职业转换做好准备，这已经成为陈词滥调。事实上，如果看得长远些，我们的孩子将需要近乎无限度地适应和管理生活，因为他们可能会越来越长期地从事各种全职或者兼职的工作，并拥有大量的闲暇时间。什么能让他们有备无患？简单说可能是这些能力——自我创造和再创造的能力，能够在没有经济需求压力或监督的情况下自我充实和处理各种关系的能力，也许最重要的是一种管理、应对甚至享受改变的能力。这些远不止一剂天真的STEM

处方那么简单。总之，它属于我们现在归类为自由艺术和人类学的相关领域。更为根本的是，它需要跨学科的能力，特别是在情商和深层的关系处理技巧方面。在缩写的STEAM之上，是将“艺术”（Art）融入进来，提供给我们向前发展时需要的更为现实的技能：结合技术变得重要，也许会在技术和其用户之间调节，人类的创造力和同情心将会成为在机器智能统治时代职业的重心。显而易见，在此新情势下，对教育的意义需要做出更为前瞻性的思考。

自我准备

我们自己和我们的家人该如何未雨绸缪，面对将要来临的就业体系瓦解？这不是一个简单的问题。正如学生们深思熟虑未来的职业选择，他们会考虑的是，自己青睐的选择多大程度上能够经得起机器智能的冲击，并使自己的技艺和兴趣优势得到各方面应用的可能。同样，这也需要做出战略决定。再加上那些STEM技术，从而达到建造、塑形和保持机器运行？聚焦于机器和人类的接点，竞争会出现在斯皮尔伯格那部值得纪念的电影《人工智能》中所称的“mecha”或者“orga”的交汇点吗？还是去从事具有高生存能力的职业？在牛津大学报告中列出的幸存职业中，娱乐治疗师位于首位。而在最底端的是第702号——电话营销员。大概没有人会对电话营销员的过气而悲伤，除了那些现在正在从事这一职业的人，尽管现在机器拨打营销电话只会使得我们的体验更糟——但是毫无疑问，未来会有机器人给我们电话。

可能与我们所讨论的政策制定相距甚远，令人惊奇的是，这些并不是我们在高中、大学或者研究生院中持续不变的话题。甚至这一话题还不构成附加式的讨论，而是可选择的“工作和技术”话题，或者仅仅出现在偶然的职业顾问环节。每个在校生都清楚地知道，眼下还没有发生变化，而当职业变得更加具有流动性，工作变得更富有弹性时，他们对于工作的认知仍然没有变化。在此过程中，人们仍在可耻地误导着年轻人，学生们今天对职业的选择将对其一生产生决定性的影响，尤其是当劳动力市场变得越来越动荡，他们今天的选择也将意味着他们是很好还是很差地对未来做出准备。未来工作的灵活性将更加重要已成为共识，但这是一个蹩脚的保守说法。在我们伟大的教育政策讨论中——尤其是在美国和英国，重点放在国家立法和政府对 K–12 教育方向的大规模干预上——对于未来可能出现的最大问题，人们几乎只字未提。同样，对于休闲，也是这个问题。当科技教父斯托·博伊德（Stowe Boyd）提出："2025 年的核心问题将会是：当人类世界不再需要人类劳动，当只有少数人是必需的，由他们来指导'以机器人为基础的世界'，那么人类对于世界的意义何在（Smith & Anderson 2014）？"教育是为了休闲这一问题听起来很奇怪。但它将我们从现今教育的讨论中重新拉回，我们几乎所有的关注点都在人类繁荣时，在教育的根本目的上讨论工作准备。现在是时候开始对教育的目的这一根本问题发出追问，以及我们究竟该如何为未来奇怪的世界做最充分的准备。正如在我谈到这一问题时，有些人问我，如果学生们 22 岁大学毕业后就退休，那么我们在教育内容上该如何改变？这一问题还没有很好地被讨论。凯恩斯的"新有闲阶级"现在看来是白日梦。但是人工智能革命会迅速将这一问题推到风口浪尖。

如果传统就业下降会导致除了不断增加的贫困失业阶层之外的其他方面的后果，我们就此已经探讨了一些政府将需要作出的决定。但是无论如何，就业体系瓦解终将会导致更大的不平等，那可能更意味着工作时间会更少。换言之，无论我们终将贫穷或富裕，我们都会拥有更多的时间。但有一点值得我们注意，这里的“时间”已经成为引起二十世纪和二十一世纪社会问题的主要原因。老话说“一闲生百邪，无聊起坏心”，这一点已被证明确凿无疑。即使提供了生活收入，但在大多数发达国家中，失业的经历——无论是对个体还是对其家庭——经常会导致社会崩溃和犯罪（Ajimotokin et.al., 2015）。

同样值得重视的是，在接受过良好教育的商业或专业人士中，当失业超过了短时期的过渡期也会是摧毁性的。他们的经历将为我们讨论未来问题提供一条线索，因此可以在我们的研究中时常被考虑。

除了表明要使我们的学校发生很大的变化是多么困难，政府最近为改善公共教育所作的努力基本是为了使学生更好地为二十世纪的劳动力市场做好准备。那么二十一世纪会如何呢？我们应当认真反思我们的课程，同时我们也并不能提供一种解决方案，这一点看上去对人类学和自由艺术是一个非常好的消息，它们会在对工作作准备的同时，也对生活给予很多指导；但是在对未来发展更具认知的情况下，我们对技术的接触，尤其是对智能机器的接触，这些将会不断地填充到我们智人的工作和休闲生活中来。作为开始，我们也许可以用文学和电影开设“科学幻想”研究，并将其置于教育的核心位置，以此来刺激课程的发展。

二十一世纪变化的步伐，要求从老龄化的模式中发现截然不同的思维模式，因为以往的模式是服务于旧的工业经济的。同时我们对于潜在的剧烈变革也要做好准备，现在我们所需要的是，对我们其他人进行大规模的教育，随着机器智能的浪潮，对劳动力进行再训练，以此做出更好的准备，以便处理未来将要发生的事情。慕课的出现可以为项目提供一种简单的切入途径，尽管在此过程中并不会为教师们提供很多新的工作。

我们所面临的任务极具挑战，但是前景——如果我们能够利用人工智能的作用而致力于人类社会的改善——也同样变数巨大。这一方面需要卓越的数学家、工程师和企业家，他们正在使得这些飞跃的发展成为可能；另一方面也需要政策制定者、公共知识分子以及政治领导人竭尽全力，以帮助我们探索出我们自己的道路，以通向与以前完全不同的富有希望的光明未来。

前瞻与回望

很久以前，我曾是剑桥大学的学生。我作为辩手，在第一学期被邀请在“新生辩论赛”上讲话。之所以于我而言，这是一段值得记忆的经历，原因很多。当时的学生会主席是一位心直口快的希腊女士，但却持保守观点，而且显而易见，她非常有钱。她的第一本书在毕业后很快就出版了——主题是对当代女性主义的抨击。她的名字叫作阿里安娜·斯达西纳普洛斯（Arianna Stassinopoulos），但我们对于她现在的名字更为熟悉，就是阿里安娜·赫芬顿

（Arianna Huffington）。和我们中的大多数一样，随着时间的流逝，她也对自己的观念做了一些调整。

我不记得我们那晚聊了些什么，那是我们年轻的时候，我们穿着燕尾服和舞会礼服，在喝了雪利酒之后，而在喝更烈的酒之前。从那之后，当时我们讨论的话题就一直困扰着我。出于一些原因，我保存了当时推进运动的海报，而在四十年后的今天，当我写这本书时，海报还在墙上俯视着我。

“国会相信，进步意味着很高的代价。”

然而，我反对这种论调。

参考文献

Ajimotokin, Sandra, Alexandra Haskins, and Zach Wade (2015) "The Effects of Unemployment on Crime Rates in the U.S. ," smartech.gatech.edu, April 14.

Arntz, Melanie, Terry Gregory, and Ulrich Zierahn (2016) " The Risk of Automation for Jobs in OECD Countries: A Comparative Analysis ," *OECD Social, Employment and Migration Working Papers,* oecd-ilibrary.org, May 14.

Auerswald, Philip (2012) *The Coming Prosperity: How Entrepreneurs are Transforming the Global Economy,* Oxford : Oxford University Press .

Autor, David H. (2015) " Why Are There Still so Many Jobs? The History and Future of Workplace Automation ," *Journal of Economic Perspectives,* Vol. 29, No. 3 .

Bessen, James (2015) *Learning by Doing: e Real Connection Between Innovation, Wages, and Wealth,* New Haven : Yale University Press .

Birkett, Kathy (2014) " Robot Caregivers ," seniorcarecorner.com .

Bresnahan, Timothy F. and Robert J. Gordon (1996) " Introduction," in *The Economics of New Goods,* Chicago : University of Chicago Press .

Brynjolfsson, Erik and Andrew McAfee (2011) *Race Against the Machine: How the Digital Revolution is Accelerating Innovation, Driving Productivity, and Irreversibly Transforming Employment and the Economy,* Lexington : Digital Frontier Press .

Brynjolfsson, Erik and Andrew McAfee (2014) *The Second Machine Age: Work, Progress, and Prosperity in a Time of Brilliant Technologies,* New York : Norton .

CB Insights (2016) " 33 Corporations Working on Autonomous Vehi-cles ," cbinsights.com/blog, August 11.

Colvin, Geoff (2015) *Humans Are Underrated: What High Achievers Know at Brilliant Machines Never Will,* New York : Penguin.

Davies, Alex (2015) " The World ' s First Self-Driving Semi-Truck

Hits the Road ," wired.com, May 5.

DeBord, Matthew (2015) " Tesla is in the Middle of a Huge Debate About the Future of Driving ," businessinsider.com, September 13.

Denning, Steve (2015) "The 'Jobless Future' is a Myth ," *Forbes,* June 4.

Dillon, Frank (2015) " The Personal Touch: Why Robots Will Not Put Us All Out of Our Jobs ," *The Irish Times,* August 24.

Dwoskin, Elizabeth and Brian Fung (2016) " For Some Safety Experts, Uber ' s Self-Driving Taxi Test Isn ' t Something to Hail ," *The Washington Post,* September 11.

Ford, Martin (2015) *Rise of the Robots: Technology and the threat of a Jobless Future,* New York : Basic Books .

Frey, Carl Benedikt and Michael A. Osborne (2013) *The Future of Employment: How Susceptible are Jobs to Computerisation?,* Oxford : Oxford Martin School .

Frick, Walter (2014) " Experts Have No Idea If Robots Will Steal Your Job ," *Harvard Business Review,* August 8.

Giang, Vivian (2015) " Robots Might Take Your Job, But Here ' s Why You Shouldn ' t Worry ," fastcompany.com, July 28.

Haldane, Andy (2015) " Labour ' s Share ," speech to the UK

Trades Union Congress, London, September 15.

Hawkes, Rebecca (2016) " The Revenant: What Was Real and What Was Fake ," *Telegraph,* January 20.

Hay, Mark (2015) " Why Robots are the Future of Elder Care ," *Good,* June 24.

Hill, David J. (2015) " Kurzweil Responds to 'When Robots are Every-where, What Will Humans be Good For?' ," singularityhub.com, June 28.

Hoge, Patrick (2016) " Toyota Staffs Up for AI, Robotics Research," *Robotics Business Review,* March 1.

Insurance Times (2015) " Volvo to Accept Liability on Driverless Cars ," *Insurance Times,* October 22.

Janoski, Thomas, David Luke, and Christopher Oliver (2014) *The Causes of Structural Unemployment: Four Factors that Keep People from the Jobs they Deserve,* Cambridge : Polity .

Kaplan, Jerry (2015) *Humans Need Not Apply: A Guide to Wealth and Work in the Age of Artificial Intelligence,* New Haven : Yale University Press .

Kennedy, Joe (2016) " Apple and America ' s Tax-Revenue Giveaway ," entrepreneur.com, September 23.

Keynes, John Maynard (1931) " Economic Possibilities for Our Grandchildren ," in *Essays in Persuasion,* London : Macmillan .

Kurzweil, Ray (2000) *The Age of Spiritual Machines: When Computers Exceed Human Intelligence,* London : Penguin .

Levy, Frank and Richard J. Murnane (2004) *The New Division of Labor: How Computers are Creating the Next Job Market,* Princeton : Princeton University Press .

Lloyd ' s (2014) " Autonomous Vehicles. Handing Over Control: Opportunities and Risks for Insurance ," lloyds.com .

Marcus, Lucy (2015) " Is This a Truly Robot-proof Job? ," bbc. com, September 21.

Moore, Andrew (2015) " Why 2016 Could be a Watershed Year for Emotional Intelligence in Machines ," *Scientific American,* Decem-ber 28.

Murray, Charles (2016) " A Guaranteed Income for Every American ," *Wall Street Journal,* June 3.

Orfalea, Matt (2015) " Why Milton Friedman Supported a Guaranteed Income ," medium.com, December 11.

Peterson, Hayley (2015) "The 12 Jobs Most at Risk of Being Replaced by Robots ," weforum.org, November 2.

Ricardo, David (1821) *On the Principles of Political Economy and Taxation,* 3rd edition, London : John Murray .

Sainato, Michael (2015) " Stephen Hawking, Elon Musk, and Bill Gates Warn About Artificial Intelligence ," *Observer,* August 19.

Samani, Kyle (2015) " Autonomous Cars Break Uber," techcrunch.com, September 18.

Santens, Scott (2015) " Self-Driving Trucks are Going to Hit Us Like a Human-Driven Truck," medium.com, May 14.

Saracco, Roberto (2016) " Guess What Requires 150 Million Lines of Code . . . ", eitdigital.eu, January 13.

Schoettle, Brandon and Michael Sivak (2015) " Driverless Vehicles: Fewer Cars, More Miles ," University of Michigan Transportation Research Institute.

Schumpeter (2015) " Professor Dr Robot QC ," *e Economist,* October 17.

Schwartz, Samuel I. (2015) *Street Smart: e Rise of Cities and the Fall of Cars,* Philadelphia : Public Affairs Books .

Smith, Aaron and Janna Anderson (2014) " AI, Robotics, and the Future of Jobs ," pewinternet.org, August 6.

Stone, Maddie (2015) "The Trillion Fold Increase in Computing

Power, Visualized ," gizmodo.com, May 24.

Strauss, Steven (2015) " As the Age of Autonomous Vehicles Nears, Why are Policy Wonks Focused on the Past? ", *Los Angeles Times,* November 6.

Summers, Lawrence H. (2013) " The 2013 Martin Feldstein Lecture: Economic Possibilities for Our Children ," *NBER Reporter,* No. 4.

Susskind, Richard and Daniel Susskind (2015) *e Future of the Professions: How Technology Will Transform the Work of Human Experts,* Oxford : Oxford University Press .

Suster, Mark (2013) " In 15 Years from Now Half of US Universities May Be in Bankruptcy ," bothsidesofthetable.com, March 3.

Technology Quarter (2016) " After Moore ' s Law ," *The Economist,* March 12.

Thomis, Malcolm I. (1970) *The Luddites: Machine-Breaking in Regency England,* Newton Abbott : David and Charles .

Toffler, Alvin (1970) *Future Shock,* New York : Random House .

Vincent, James (2015) " Mercedes Thinks a Premium Driverless Taxi System Would Be a Good Idea ," theverge.com, September 15.

Wharton (2015) " The Hype is Dead, But MOOCs are Marching

On ," knowledge.wharton.upenn.edu, January 5.

Wiener, Norbert (1950) *The Human Use of Human Beings,* Boston: Houghton Mifflin .

Zhenghao, Chen et al. (2015) " Who ' s Benefiting from MOOCS, and Why ," *Harvard Business Review,* September 22.

索 引

图书在版编目（CIP）数据

机器会夺走你的工作吗／（美）奈杰尔·M.D.S.卡梅伦著；魏倩，王丽陶译.
—北京：中国工人出版社，2019.9
ISBN 978-7-5008-7259-7

Ⅰ.①机… Ⅱ.①奈… ②魏… ③王… Ⅲ.①人工智能—影响—劳动就业—研究
Ⅳ.①F241.4

中国版本图书馆CIP数据核字（2019）第211013号

著作权登记号：图字 01-2019-3042

机器会夺走你的工作吗

出版人	王娇萍
责任编辑	罗荣波
责任印制	栾征宇
出版发行	中国工人出版社
地　　址	北京市东城区鼓楼外大街45号　邮编：100120
网　　址	http://www.wp-china.com
电　　话	（010）62005043（总编室） （010）62005039（印制管理中心） （010）82075935（工会与劳动关系分社）
发行热线	（010）62033018　62004002　62005996 （010）62005038（传真）
经　　销	各地书店
印　　刷	三河市东方印刷有限公司
开　　本	880毫米×1230毫米　1/32
印　　张	5.625
字　　数	80千字
版　　次	2020年1月第1版　2020年1月第1次印刷
定　　价	48.00元